JN074272

AUDITORY VERBAL THERAPY

オーディトリー・バーバル・セラピー［AVT］の理解と実践

難聴児のことばを豊かに育むための聴覚活用

◉ 南 修司郎 編

学苑社

まえがき

　本書『オーディトリー・バーバル・セラピー［AVT］の理解と実践』を手に取っていただき、誠にありがとうございます。本書は、難聴児のことばの発達を支援するためのAVTに焦点を当て、その理論と実践方法を詳細に解説しています。本書の目的は、難聴児が聴覚を最大限に活用し、豊かなことばの世界を築くための支援を提供することです。

　全ての聴覚障害児は、手話、音声言語、またはその両方にかかわらず、早期から効果的な支援を受ける権利があります。聴覚障害児の親や養育者には、手話、バイリンガル、Cued Speech、Total Communication、口話法、AVTなど、様々な選択肢があります。AVTはこれらの選択肢の1つで、難聴児が聴くことを通して音声言語を学習することに最も重点を置いたアプローチです。AVTという用語は、1970年代に米国AGベル聾者協会によって作られました（第1章）。一般的に、子どもは生まれてから最初の3年間に、親とのやりとりを通じて脳に適切な刺激を受け言語を発達させていきます（第2章）。AVTは、聴覚に基づくコミュニケーション能力の発達を促進するアプローチであり、難聴児が聴くためには、早期に適切な補聴器や人工内耳を装用することが重要です（第3章）。遊びを中心とした療育セッションでは、AVT療育者は子どもの聴く力と話しことばを発達させるためのコツ（ストラテジー）を用いて親を指導（コーチング）します（第4章）。AVTでは、きこえる子どもの定型発達段階をベンチマークとし、難聴児の発達状況を判断します（第5章）。AVTでは、読み書き能力の芽生えは、子どもが音を能動的に聴く瞬間から始まると考えます（第6章）。AVTでは、未就学の段階から必要な支援を受けつつ、きこえる子どもたちと同じ教育環境で一緒に学ぶことを勧めています（第7章）。このように本書では、AVTの歴史的背景から始まり、聴く脳、補聴技術、療育ストラテジー、発達のマイルストーン、読み書き、インクルージョン教育、そしてAVTのエビデンス（第8章）に至るまで、幅広いトピックを網羅しています。本書を作成するにあたり、特に重要な参考文献として、Warren Estabrooks氏、Karen MacIver-Lux氏、Ellen A. Rhoades氏による『Auditory-Verbal Therapy: For Young Children With Hearing Loss and Their Families, and the Practitioners Who Guide Them』（2016年）と、Warren Estabrooks氏、Helen McCaffrey Morrison氏、Karen MacIver-Lux氏による『Auditory-Verbal Therapy: Science, Research, and Practice』（2020年）を深く参考にしました。これらの著作は、AVTの理論と実践に関する豊富な情報を提供し、本書の構成と

内容の基盤を形成する上で大きな役割を果たしました。これらの著者たちが長年にわたり蓄積してきた知識、経験、そして研究は、本書の執筆において貴重な指針となりました。彼らの献身的な努力と、AVT 分野への貢献に深い敬意と感謝の意を表します。

　本書は単なる理論の紹介に留まらず、日本語環境での実践的な応用にも重点を置いた内容となっています。これは、長年 AVT を深く学んでこられた執筆者の方々のお力によるものです。執筆をいただいたシュタイガー知茶子様、山本修子先生、富澤晃文先生、土井礼子先生、若林聡子先生、井上ひとみ先生、伊藤泰子先生、細谷誠先生に心からの感謝を申し上げます。執筆いただいた方々以外にも、本書の制作にあたり、神田幸彦先生、桑原桂先生、奥野有紀先生、鈴木美華先生、平瀬なつみ先生、そして富士見台聴こえとことばの教室及び日本聾話学校の先生方から、貴重な洞察と知識の提供をいただきました。改めて心からの感謝を申し上げます。また、この重要なテーマに光を当てる機会を与えてくださった学苑社様と、本書を手に取ってくださったあなたにも感謝いたします。本書の制作にあたり、令和 4－6 年度厚生労働科学研究費補助金（障害者政策総合研究事業）「人工内耳装用児の言語能力向上のための効果的な療育方法の確立に向けた研究（22GC1012）」を用いて行われた研究成果を基に、文献資料の収集などを行っています。本書が、日本の難聴児とその家族、そして彼らを支援する専門家たちにとって、AVT の理解を深め、実践の手引きとなること、そして難聴児のことばの成長を支える旅に本書が役立つことを心より願っています。

国立病院機構東京医療センター耳鼻咽喉科・人工内耳センター

南　修司郎

目　次

第 1 章

AVT の歴史と本質

シュタイガー知茶子

1 | AVT とは

　AVT（オーディトリー・バーバル・セラピー）[1]は、英語圏を中心に広く行われる難聴児の療育法であり、近年、日本でも注目されています。新生児聴覚スクリーニング検査の普及や人工内耳装用の若年化に伴い、重度の難聴児にも聞こえをベースにした学びが可能となり、その方法論への関心が高まっているものと思われます。

　AVT の起源は 20 世紀半ばに遡ります。アナログ補聴器が主流で、現代のデジタル補聴器や人工内耳は存在しない時代でした。それにもかかわらず、「聴覚を活用して言語力を育てる」という革命的な考え方が生まれ、試行錯誤ののち今日の AVT に結集していきました。

　AVT の歴史は 1 本の糸のように簡単には語れません。今日「AVT 基本原則 10 か条」として確立された考え方がどのように生まれたのか。どうして AVT という名前で呼ばれるようになったのか。科学・技術革新・医学・児童発達についての研究などが組み込まれていったプロセスは。異業種のプロフェッショナルたちが同じ目標に向かって力を合わせてきたのはなぜか。そして歴代の AVT 療育者たちがコーチやメンターとして後続を育ててきた積み重ねはどんな成果につながっているのか……。本章では、こうしたことを考えながら AVT の歴史を俯瞰してみましょう。

（1）AVT の歴史

　アメリカやカナダの AVT 療育者が中心となって著した『Auditory-Verbal Therapy: For Young Children with Hearing Loss and Their Families, and the Practitioners Who Guide Them』（2007）は、冒頭の 1 章で AVT の歴史を述べています。科学の歴史であると同時に、難聴児にことばをと願う療育者たちの一世紀にわたる模索の道のりです。

1）発明家　アレキサンダー・グラハム・ベル

　19 世紀に学問としての科学が誕生し、科学革命が起きました。この時代には多くの発見や発明が行われ、その中には AVT の誕生に関連するものもありました。ヘルマ

---

1)　・A＝Auditory／オーディトリー。「聴覚の・聴覚による」という意味です。
　　・V＝Verbal／バーバル。「ことばの・ことばによる・ことばだけの・言語能力の」と様々に訳されます。図式などの視覚表現に対するものとしての「ことばの」、行動ではないという意味で「ことばだけの」といったニュアンスです。言語活動一般を指すものと理解でき、口話（声に出す・言う）にとどまらず、黙読する時の言語理解や頭の中での言語的思考を含む言語力を指します。

ン・フォン・ヘルムホルツ（1821-1894）が精神物理学という領域を確立し、物理的な刺激（例えば振動数、強度など）とその刺激を受ける側の感じ方（例えば音の大きさや高さ）との関係を明らかにしたことはそうした発見の 1 つでした。様々な分野で科学への関心を追求し活躍したアレキサンダー・グラハム・ベル（1847-1922）は、妻のために補聴器を作ろうとしてこのヘルムホルツの業績を研究し、1876 年の電話機の発明にたどり着きました。さらに、ベル博士が音を伝えるために使用した誘導コイルが、1879 年の D. E. ヒューズの発明になる世界初のオーディオメーターへとつながったのです（Staab, 2017）。これにより、聾者・聴覚障害者が音を感じることが科学的に証明されました。

　20 世紀初頭には、聾児・聴覚障害児の教育に大きな変化が起こります。前世紀の科学的発見や発明が小児の聴覚障害の診断やその後の療育に応用されるようになると、いわゆる聾児も音に反応し、音刺激から学びを得ることができるということがわかってきました。

2）医師　ウルバンチッチ、フレッシェルス、ゴールドスタイン

　「オーディオロジーの父」として今も尊敬されるヴィクトル・ウルバンチッチ（1847-1921）は、ウィーン大学で耳科医として聾児・聴覚障害児を診療する中で、「聾」と考えられていた子どもたちも直接耳元で話しかけると反応があることに気づき、これを「残存聴力」と命名しました。ウルバンチッチの研究は『auditory training 聴覚訓練』（1895）という論文として発表され、難聴の病因学、末梢性難聴と中枢性難聴、両耳聴、難聴の心理的影響、難聴の言語表出と言語力への影響、訓練室外（家庭など）での学習の方法など、多岐にわたるテーマを取り上げました。

　ウルバンチッチは後述するゴールドスタインやフレッシェルスに影響を与えました。マックス・ゴールドスタインは、アコースティック・メソッド（音響法）と呼ばれる、難聴児が聞こえを通して学ぶ療育を提唱していたアメリカ人耳科医です。オーストリア出身の耳科医エミール・フレッシェルスは第二次世界大戦中ナチスドイツに占領された故郷を後にして米国へ移住し、先に帰国していたアメリカ人のゴールドスタインとともに、AVT の考え方を米国で発展させました。

3）療育者　ビーブ、グリフィス、ポラック

　1930 年代後半の米国で、3 人の先駆的な療育者が、補聴機器を活用し、家庭を学びの場として聴いて話すことばを習得することに重きをおいた療育プログラムを実践して

いました。ヘレン・H・ビーブ、ツィーワ・グリフィス、ドリーン・ポラックです。それぞれ独自に活動していましたが、ゴールドスタインの影響を受けているという共通点がありました

　ヘレン・H・ビーブは聾教育と読話の教師でした。フレッシェルスにニューヨークで出会い、全く新しい療育プログラム、ユニセンソリー・アプローチ（単感覚法）と呼ばれる療育法を始めました。ビーブは、子どもたちが補聴された残存聴力に最大限集中するよう、療育者も親もできるだけ読話をさせないことが大事であると考えました。親はいつも観察者として、あるいは参加者としてセラピーに同席してメモを取り、家でも聴いて話すことを大事に子育てをするよう指導されました。

　オーディオロジスト兼養成者として働いていたツィーワ・グリフィスもまた、重度〜最重度の難聴のある子どもたちが大出力の補聴器を使って聴くことを学び、通常学級で学べることに気づいていました。そしてビーブと同様、聴くことを学ぶ療育の場にも、また通常学級での授業にも、親が積極的に関わることが必要と考え、オーディトリー・アプローチ（聴覚法）を提唱しました。カリフォルニア州やニューヨーク市で採用された後、非営利プログラムを設立。就学年齢に達して初めて補聴器をあつらえる当時のやり方では遅いと考えたグリフィスは、難聴児の早期発見・早期補聴を訴えて熱心に活動、1946 年には早くも、何人もの乳幼児たちが補聴器を着け、聴いて話すことを学び始めたのです。カリフォルニア州における標準新生児聴覚スクリーニングへの道筋をつけたのもグリフィスの功績です。

　スピーチ・セラピスト兼オーディオロジストであったドリーン・ポラックは、ニューヨーク市にある病院でオランダ人耳科医ヘンク・ホイジングの指導の元、様々な方法を編み出して実践しました。ポラックもまた、難聴児が効果的な補聴機器を装用して聴いて話す能力を育むには、親の参加が必須と考えました。その後、自らの療育法を発展させてアコーペディックス（「アコースティック（音響の）」＋「ペディアトリック（小児の）」の造語）と呼びました。これは初期 AVT の考え方と言えるもので、広くアメリカとカナダに知識として広がりました。著書『Educational Audiology for the Limited Hearing Infant and Preschooler 聞こえに限界のある乳幼児のための教育オーディオロジー』（Pollack, 1970）の影響力は偉大で、今日でも変わらず AVT 療育者の拠り所となっています。

4）AVT 誕生

　そのころ、同様の考え方から聞こえを通した学びを推進する人々が他の国にもいまし

た。

　1950 年代後半から 1960 年代にかけて、新たな療育者の一群がビーブ、グリフィス、ポラックらの画期的な仕事を受け継いでいきました。アメリカのアントワネット・ゴフレドとマリオン・アーンスト、カナダのルイーズ・クローフォード、イギリスとカナダで活動したダニエル・リングとアグネス・リング・フィリップス夫妻、そしてオーストリアとスイスを中心にヨーロッパ各国で活動するスーザン・シュミット＝ジョバニーニといった人たちの名前を挙げることができるでしょう。1970 年代に入ると、ポラックやビーブが提供した養成講座やインターンシップなどを契機に、後に AVT として体系化される理念と実践を推し進める療育者が増加し始めました。難聴児も聴いて話すことができるようになるというニュースが広まり、聾学校の教諭、オーディオロジスト、言語療法士の中に聴覚活用の方法を取り入れていく人たちが増えていったのです。

　1972 年と 1977 年に、カリフォルニアでオーディトリー・アプローチ（聴覚法）についての国際学会が開催されました。1972 年はグリフィス、ビーブ、ポラックが初めて顔を合わせた年です。1977 年の学会では参加者が 500 人以上を数え、ここに初めて、療育のパイオニアたちの育ててきた療育法を 1 つの方法論としてきちんとまとめようという動きが出てきます。1978 年、ワシントン DC に本拠を置く団体アレキサンダー・グラハム・ベル（AG ベル）聾者協会の呼びかけで開催された会議の場で、ダニエル・リングが「オーディトリー・バーバル」という概念でアコーペディックス、ユニセンソリー、オーディトリー法などを統括することを提唱しました。こうして International Committee on Auditory-Verbal Communication（ICAVC）オーディトリー・バーバル・コミュニケーション国際委員会が結成されたのです。当初は独立した団体としてスタートしましたが、まもなく AG ベル聾者協会の特任委員会となり、その後非営利団体として再度独立してオーディトリー・バーバル・インターナショナル（AVI）となりました。2004 年には AG ベル聾者・難聴者協会の非営利下部組織として再出発し、「聴いて話すことばを推進する AG ベル・アカデミー」（以下アカデミー）がワシントンD.C. に設立されました。

5）世界の AVT

　現代においても、AVT は世界の動向とともに進化しています。

　1994 年に AVT 療育者認定資格試験が始まり、アカデミーが「認定 AVT 療育者（LSLS Cert. AVT）」を含む「聴いて話すことばの専門家（LSLS）」認定を一括して行っています。

目指すのは、難聴のある子どもたちが、世界のどこにいても、高度な専門性のある療育者によって、AVT原則に則って標準化された包括的なシステムとしての療育を受けられるようにすることです。遠隔指導にいち早く取り組む、人種・社会・宗教・文化的多様性に配慮する指針を打ち出す、といった姿勢とともに、英語圏外への普及にも力を入れています。スペイン語圏からの移民が多いアメリカでは、ここ10年あまり、スペイン語でAVTにアクセスできるようにとの努力が続けられ、スペイン語での認定試験受験も可能になりました。そして2020年代現在、さらにグローバル化する社会を反映し、リソースの多言語翻訳や異文化に配慮した療育者の在り方などのトピックが取り上げられるようになっています。東アジアでも、準英語圏である香港やシンガポールに続き、韓国でも認定AVT療育者が誕生しました。これからの裾野の広がりが楽しみです。

（2）AVT療育の担い手

　認定AVT療育者（Certified AVT Therapist、略してCert. AVT）とは、オーディオロジー、言語療法、あるいは聾教育の分野の専門家であり、かつ「聴いて話すことばを推進するAGベル・アカデミー」によって認定された資格者のことです。(http://www.ag-bellacademy.org)。2023年6月現在の資格保持者は1,097名、うち768名が米国、88名がカナダ、86名がオーストラリア、31名が英国に拠点を置いています。

　認定取得にはまず登録条件を満たした上で認定プロセスにエントリー登録する必要があります。その後認定試験を受けるための条件を3年ないし5年の間に満たし、初めて試験に臨むことができます。さらに、認定取得後も定期的に継続学習単位を取得して知識をアップデートする必要があります。以下は抜粋です。

- オーディオロジー、音声言語病理学、または聾児・聴覚障害児教育の分野における学士ないし修士の学位
  →認定プロセスにエントリー登録
- 聴覚活用指導（エントリー登録後・900時間）
- 継続学習（エントリー登録後・80単位）
- 認定AVT療育者による療育の実地観察（エントリー登録後・10時間）
- メンターによる指導（エントリー後3〜5年かけて20時間）
  →エントリー登録後3〜5年の間に認定試験受験

　アカデミーは米国の内国歳入法第501条C項（6）の規定による非営利団体であり、「高い専門性と国際的に評価される認定制度をもって聴くこと・話すことを推進する」

というミッションを掲げ、そのための2種類の認定資格を提供しています。1つは「聴いて話すことばの専門家かつ認定AVT療育者（Listening and Spoken Language Specialist & Certified Auditory Verbal Therapist: LSLS Cert. AVT）」、もう一つは「聴いて話すことばの専門家かつ認定AVT教育者（Listening and Spoken Language Specialist & Certified Auditory Verbal Educator: LSLS Cert. AVEd.）」です。前者は個別指導を原則とするAVT療育、後者はAVT療育の考え方と手法を（集団保育を含めた）教育現場で取り入れるAVT教育を提供する専門家向けの資格です。詳しい情報や詳細は、http://www.agbel-lacademy.org　をご参照ください。

　認定AVT資格者は、AVT療育の実践において、責任あるプロフェッショナルとしてアカデミーの定める倫理綱領に従う必要があります。ここには、AVT療育指導を受ける側を守り、AVTとして確立された指導法の正当性を保証すること、常に高い専門性を保つこと、親がわが子のためにどの療育法・意思疎通の手段・教育システムやプログラムを選んでもそれを尊重すること、などが明記されています。

　ここで繰り返し強調される高い専門性とは、次の9つの基幹領域における知識を常にアップデートし、実践によって自分のものとすることによって担保されるものです。

①聞こえと補聴技術（第3章参照）
②聴覚活用（第2、4章参照）
③音声言語によるコミュニケーション（第2章参照）
④子どもの発達（第5章参照）
⑤親指導（第4章参照）
⑥教育と支援（第7章参照）
⑦聴いて話すことばの習得を促す方法（第4章参照）
⑧（AVT療育法に関しての）歴史的背景・考え方・療育者の諸条件（本章）
⑨読み書き能力の萌芽（第6章参照）

2 ｜ AVT療育の原則10ヵ条

　ここに掲載するのはアカデミーの定める原則10ヵ条に日本語の解説をつけたものです。AVTの考え方を凝縮したマニフェストとも言え、実践を通して一語一語、一条一条を咀嚼していくことで初めてその意味するところがわかってきます。

＊　　　＊　　　＊

第1条　早期の難聴診断と、それに続く迅速な補聴とAVT療育を導入する

　　私たちは耳ではなく脳で聞いています。耳は、単に聴覚情報が脳に伝わる時に通る入り口にすぎません。従って、AVT療育者は早期の難聴発見と適切に調整された補聴機器の安定した装用を重視し、継続的にAVT療育を受けてもらうことで赤ちゃんの聴覚野の発達を促すべく努力します。生後3ヵ月までに難聴が発見され、6ヵ月までに家庭を中心とした療育的介入を受けた場合、聞こえに問題のない子どもたちと同等の言語発達が可能であることがわかっています（Fulcher, Purchell, Baker, & Munro, 2012）。さらに長いスパンで見た場合、幼少期に聴神経結合が促されると、読む力や学力（Yoshinaga-Itano, 2003）、社会・情緒的発達においても、より良い結果につながります（Langereis & Vermeulen, 2015）。

　　様々な理由から、新生児聴覚スクリーニングをパスしたものの幼児期に聴覚障害が出てくるというケースが時々あります。そのような場合には、聴覚検査を早急に行い、AVT療育でフォローして、聴いて話すことばの習得が止まってしまわないようにすることが大切です。

第2条　診断後ただちに適切かつ最先端の補聴技術を用い、最大限の聴覚刺激を受けられるよう助ける

　　聴覚障害の診断を受けた後、間をおかずに精密な聴覚検査と適切な補聴機器の調整が必要です。補聴の目的はただ1つ、聴覚情報が入り口を通り抜けてきちんと脳に届くことです。目覚めている間は常に補聴機器を装用することで、聴覚情報の刺激が脳内に新たな神経連結を作っていきます。こうした神経のネットワークが、ことばを話すこと・読むこと・学業の成果の基盤となります（Cole & Flexer, 2015）。補聴が遅れ、特に聞こえの発達に大事な敏感期を逃してしまうと、大脳皮質に変化が起こってしまいます（Scharma, Dorman, & Kral, 2005）。早期からの、安定した補聴機器の装用によって、子どもたちは語彙、文法、および音韻認知において有為に優れた発達をみることがわかっています（Walker et al., 2015）。同様に、電子信号を音として認知させる人工内耳装用児においても、早期かつ常時の装用がより良い音声コミュニケーションを可能にします（Geers & Nicolas, 2013）。

第3条　まずは聞こえを通して音声言語を育むよう親を指導する

　　どれだけの聴覚刺激が脳に与えられそこから聴く力が育つかで、子どもたちの言語力・対人関係を築く力・読み書き力の発達が大きく変わってきます。AVTを選択した場合、親には、聴くスキルとことばを学ぶ機会となるような豊かでリアリティのある言語環境を築いてあげることが求められます。目覚めている時間全てが聴

くことを学ぶ時間となり、脳は聴覚刺激を受けて活性化され、聞こえを通して学習することができるのです。子どもはこうして初めは親の助けを借りて聴く力をつけていきますが、いずれ自分の補聴機器を自分で管理できるようになり、聞き取りが困難な状況に遭遇しても自分で解決策を見つけたり、聞き逃し・聞き損ないで意思疎通が滞ってしまっても状況を挽回できる、といった力をつけていってくれることでしょう。

第 4 条　AVT 療育を子とともに主体的・継続的に受けることで、ことばを聴く・話す力を育むキーパーソンになれるよう、親を指導する

　　AVT 療育では、継続的なお手本となり、子が聴いて話すことばを習得する上で最も大きな方向づけをするのは親です。補聴器や人工内耳を通して子の脳に音声言語を届けてあげる、その量と質とが、その後の言語力の発達、学力、そして認知能力に大きく関わってくるのです（Suskind, 2015）。AVT 療育者は、一対一の個別指導により、聞こえ・発話・言語力・認知・対話力を育む最良の方法を様々に実践して見せます。親は、その場で実践の練習をしてみることで、聞こえや言語力の発達を後押しし、子が伝えようとしていることに気付いて的確に応えてあげる仕方を学ぶとともに、進捗状況を見極める眼を養うことができるのです。

第 5 条　子どもが日常生活を通して音声言語を学べるよう、親に環境整備を指導する

　　聴覚神経中枢が成熟するのは十代も後半といわれています（Bellis, 2011）が、多くの幼児の日常環境は騒がしく、聞き取りが難しい場面は少なくありません。子どもの聴覚処理能力が未熟な段階で、家庭や学習環境の音響が良好でない場合、他の子どもや教育者の声を正確に聞き取ることは容易ではありません。聴覚障害のある子どもには、さらに大きな負荷がかかります。騒がしい環境と聴覚の課題が重なることで、ことばの学習機会を逃すリスクが高まります。そのため、言語習得の初期段階にいる難聴児の場合、特に心がけて明瞭な音声でのことばのインプットをしていく必要があります。AVT 療育者は、どのように環境を整えればことばが聞き取りやすくなるかを親に指導し、子どもが高度な聴覚処理能力を発達させられるよう計らいます。さらに、補聴器や人工内耳につなげる補聴援助システムなどの技術を適切に使用する方法も指導します。

第 6 条　日常生活の中で、子が何をする時も聴くこと・話すことが自然にできるように親を指導する

　　子どもの言語能力や学習能力、社会性、情緒性、読み書き能力の発達は、親がどれだけ豊かな音声言語体験を提供できるかにかかっています（Leffel & Suskind,

2013; Suskind, 2015)。事実、子どもの語彙の約 90 ％は、日常生活での会話を通じて獲得されるとされています（Akhtar, Jipson, & Callanan, 2001）。AVT は、子どもの聞く、話す、考える能力の発達を中心に据え、音声によることばを通じた自然なコミュニケーションの促進を目指しています。この訓練に参加する親は、子どもの聴覚へのアクセスと聴覚スキルの発達を最優先することを学びます。ドリーン・ポラックは「子どもの生活において、聞くことは不可欠」と強調しています（Pollack, 1970）。子どもの会話や社会的スキルの発達は、親が子どもとの意味ある言語体験を持続的に提供することで促進されます。AVT 療育者は、家族の日常生活を理解し、そこに立脚したアプローチでサポートする必要があります。そのため、親との協力のもとで AVT の計画書を策定し、実践していくのです。

第 7 条　聴く・話す・理解する・認知する・対話する力の自然な発達段階に沿った成長を助けるよう、親を指導する

　　AVT の療育計画書の策定、実施、評価は、定型発達する子どもの成長段階と、その標準的な手法に基づいています。AVT 療育のセッションの中で、AVT 療育者と親が一緒に子どもの現在の能力を評価し、まだ習得していないけれども大人からの助け舟があれば達成可能であろうスキルを見極め、次の目標とします（Vygotsky, 1978, 発達の最近接領域について）。こうした積み重ねによって、療育者と親とは適切な短期・長期の目標を共有することができます。豊かなことばをたくさん聞かせることで、子どもの神経回路を強化し、実際の年齢と聞こえ年齢との差を早期に解消することを目指します。

第 8 条　自分の声を聴いて自己修正できるように親に指導する

　　子どもは聞こえているように話します。自分の話すことばを自分の耳で聴くことは、聴能スキルを獲得し音声言語を流暢に話せるようになるためにとても重要です（Perkell, 2008）。AVT 療育者は乳幼児の親に対して、子が声を出したらすかさず真似をしてあげるように指導します。赤ちゃんの声を真似してあげるということは、順番に伝える・応えるを繰り返す会話というものの基礎となるのです。良い補聴をして聴く力をつけていくと、子どもはことばを学び、ことばでのやり取りを学び始めます。聞こえのスキルと言語力が身に付いていくに従って、自分の発声や発話を自分の耳で聴き、必要に応じて修正していくようになります。他の人の支援や通訳にあまり頼ることなく自分で会話に参加することもできるようになります。自らの発声・発話をモニターすることは、社会の中で通用するコミュニケーション、会話を滞らせない気配り、外国語の習得、そして自ら選んだ仲間とうまくやっていくこ

となどにもつながる、一生もののスキルと言えるでしょう。

第 9 条　常に評価を行い、個別の AVT 療育計画に反映させ、進捗状況をモニターし、計画の有効性を難聴児とその家族のニーズに照らして再検証していく

　　難聴児の親と AVT 療育者は、聞こえを聴覚神経ネットワークの構築と捉え、読む・書くというさらに高次元の言語力へとつながっていく一連の発達の足掛かりとします。その意味で、指導の時間は子どもの聴覚神経ネットワークの発達状況をチェックしていく場でもあるのです。AVT 療育者は、子どもの聞こえや状況に即したコミュニケーションの力を記録し、次の発達段階へとつなぐステップを見極めていきます。観察によるモニタリングに加え、健聴児の受ける標準テストを 3 〜 6 ヵ月ごとに行います。聴覚テストの結果も参照しつつ、発声・発話、理解・表出語彙と言語力、聞こえなどを評価します。こうした発達評価によって、AVT 療育が本当にその子と家族のニーズに応えられているかを常にチェックしているわけです。

第 10 条　最幼少期から必要な支援を受けつつ健聴児と同じ学習環境で学ぶことを推奨する

　　早期に難聴が発見され、補聴機器を装用し、適切な療育的介入を受けた子どもが、聴く力・言語理解・言語力・情緒的発達・学業において非常に良い成果をあげうるのは、経験していることにぴったりなことばがけを赤ちゃんの時から脳が受け続けてきたおかげです（Langereis & Vermeulen, 2015; Yoshinaga-Itano, 2003）。AVT 療育では、親を指導し、言語力のみならず、社会認知的発達や読み書きの基礎までを含め、就学に必要な諸能力を身に付けられるよう、支援します。

　　健聴児と同じ学習環境で学ぶことをインテグレーション、あるいはインクルージョンと呼びます。その場合、難聴支援、教育オーディオロジー、言語聴覚士、その他の専門家のチーム支援を受けながら通級することが多いでしょう。専門家チームは、聾児・聴覚障害児が学校生活のあらゆる場面で学ぶ機会を逃すことのないよう、そしてセルフ・アドボカシーのスキルを身に付け、自己実現を目指せるよう、セーフティネットとなってくれるのです。

引用・参考文献

Akhtar, N., Jipson, J. L., & Callanan, M. A.（2001）. Learning words through overhearing. *Child Development*, *72*(2), 416-430.

Bellis, T. J., & Bellis, J. D.（2015）. Central auditory processing disorders in children and adults. *Handbook of*

Clinical Neurology, 129, 537-556.

Cole, E. B., & Flexer, C.（2015）. *Children with Hearing Loss: Developing Listening and Talking, Birth to Six.*（3rd. Ed.）. San Diego, CA. Plural Publishing.

Estabrook, W., MacIver-Lux, K., & Rhoades, E. A.（2007）. *Auditory-Verbal Therapy: For Young Children with Hearing Loss and Their Families, and the Practitioners Who Guide Them.* San Diego, CA. Plural Publishing.

Fulcher, A., Purcell, A. A., Baker, E., & Munro, N.（2012）. Listen up: children with early identified hearing loss achieve age-appropriate speech/language outcomes by 3 years-of-age. *International Journal Pediatric Otorhinolaryngology, 76*(12), 1785-1794.

Geers, A. E., & Nicholas, J. G.（2013）. Enduring advantages of early cochlear implantation for spoken language development. *Journal of Speech, Language, and Hearing Research, 56*(2), 643-655.

Langereis, M., & Vermuelen, A.（2015）. School performance and wellbeing of children with CI in different communicative-educational environments. *International Journal Pediatric Otorhinolaryngology, 79*(6), 834-839.

Leffel, K., & Suskind, D.（2013）. Parent-directed approaches to enrich the early language environments of children living in poverty. *Seminars in Speech and Language, 34*(4), 267-278.

Perkell, J. S.（2008）. Mechanisms of Vowel Production: Auditory Goals and Speaker Acuity. 8th International Seminar on Speech Production.

Pollack, D. M.（1970）. *Educational audiology for the limited-hearing infant.* Springfield, IL. Charles C Thomas.

Staab, W. J.（2017）. From the audimeter to the audiometer. *Can. Audiologist, 4*(3), 1-7.

Scharma, A, Dorman, M. F., & Kral, A.（2005）. The influence of a sensitive period on central auditory development in children with unilateral and bilateral cochlear implants. *Hearing Research, 203*(1-2), 134-143.

Suskind, D.（2015）. *Thirty Million Words: Building a Child's Brain.* New York, NY. Dutton.

Urbantschitsch, V.（1895）. *Über Hörübungen bei Taubstummheit und bei Ertaubung im späteren Lebensalter.*（英語訳 1982 S. Richard Silverman:"*Auditory training for deaf mutism and acquired deafness*". Washington, DC. Alexander Graham Bell Association for the Deaf）

Vygotsky, L. S.（1978）. *Mind in society: The development of higher psychological processes.* Cambridge, MA. Harvard University Press.

Walker, E. A., Holte, L., McCreery, R. W., Spratford, M., Page, T., & Moeller, M. P.（2015）. The Influence of Hearing Aid Use on Outcomes of Children With Mild Hearing Loss. *Journal of Speech, Language, and Hearing Research, 58*(5), 1611-1625.

Yoshinaga-Itano, C.（2003）. From Screening to Early Identification and Intervention: Discovering Predictors to Successful Outcomes for Children With Significant Hearing Loss. *Journal of deaf studies and deaf education, 8*(1), 11-30.

第 2 章

AVT と聴く脳

シュタイガー知茶子

1 │「聞こえる」と「聴く」

　難聴児の親が、聴覚検査や補聴をしてくれる専門家に対して「この子は聞こえるようになるのでしょうか？」と問う時、本当に知りたいのは、「この子は、聞こえて、わかって、話せて、友達と遊べて、学校でもついていけるのか」ということでしょう。このことをわかっている専門家ならば、「音は届いています。これからはこの音の意味を理解できるよう、聴く力を育んでいきましょう」と答えることでしょう。その理由を、本章では述べていきます。

　聴覚をはじめ「五感」と呼ばれるものは、実際には脳が情報を解釈するプロセスの一部です。例えば、私たちは

- 脳で見ています：眼は視覚情報を脳に伝えるための入り口です。
- 脳で匂いを感知しています：鼻は嗅覚的刺激を脳に伝えるための入り口です。
- 脳で聞いています：耳は聴覚情報を脳に伝えるための入り口です。

　日本語の「聞く」と「聴く」は、同じ「きく」と読み、同じ「耳を入り口とした聴覚情報を得る」ことを表します。AVTでは「hear」と「listen」という2つの概念の表すものを明確に異なる行為として理解します。本章で扱う「聞く／聞こえる」「聴く」は、それぞれ「hear」と「listen」に対応すると考えることとします。

〈例〉

- I hear music.　　　　音楽（音）が聞こえます（何かしらの音楽が流れているな、といった意味で）。
- I listen to music.　　音楽（メロディ・リリック）を聴きます（心に響くなぁ、などと思いながら）。

　同様の違いを視覚の例「見る・観る」で考えてみましょう。

- I see a television.　　　TV（という物体＝もの）が見えます（ああ、そこに1台あるね、といった意味で）。
- I look at the television.　TV（という機械＝もの）を見ます（古い型だなぁ、などと考えながら）。
- I watch television.　　　TV（番組）を観ます（観たかった映画、ニュースなどのコンテンツを）。

　このように、「聞く」と「聴く」は、異なる概念です。「聞く・聞こえる」は音が耳に入り、脳に届くことを意味します。一方、「聴く」は、音に意識的に注意を払い、その音を理解する行為を指します。

　「聞く」と「聴く」は順序が重要で、まず音が「聞こえる」ことが前提となり、その後に「聴く」スキルが育成されます。聴覚障害は何らかの原因で耳の機能が低下し、音の情報が脳に適切に伝わらない状態を指します。耳という入り口の問題が二次障害としての言語の遅れにつながらないよう、「聞く・聞こえる」ための環境の調整や補聴技術の使用が必要となります。この点から、補聴技術は耳の問題を解決するだけでなく、脳への情報伝達をサポートする重要なツールとして捉えるべきです。オーディオロジストが適切な技術を提供することで、子どもの「聴く」能力の習得を可能にするのが聴覚活用です。

　AVT では「私たちは脳で聞く」と考え、聞こえという情報源を最大限活用するためのスキルを「聴く力」と捉えて、難聴児の「聴く力」を育てることを目指します。

2 ｜ 聴く脳の仕組み

　聴覚障害のある子どもたちをサポートするためには、脳が音をどのように処理し、意味をどう解釈するのかを理解する必要があります。この理解を深めるための基盤として、脳の解剖学に関する基本的な知識が役立ちます。

　脳は、前頭葉、頭頂葉、後頭葉、側頭葉という主要な部分から成り立っています。前頭葉は、高次の認知機能や意思決定、感情の制御などを担当します。特に、ブローカ野は言語の生成や知覚に関与しており、この領域が損傷すると、言語の発話や理解が困難になることが知られています。頭頂葉は、触覚や痛覚などの体性感覚を処理し、後頭葉は視覚情報を処理します。側頭葉は、主に聴覚情報の処理を担当していますが、他の脳領域との連携も重要です（Andreatta, 2020）。

　聴覚皮質は、一次聴覚野と二次聴覚野の 2 つの主要な領域に分かれています。一次聴覚野の主要な役割は、私たちが日常的に経験する多様な音の特性（例：スペクトル、周波数、ピッチ、時間的特性、強度など）を処理し、分析することです。二次聴覚野は、一次聴覚野を取り囲むように位置しており、その境界は一次聴覚野ほど明確ではありません。この領域には、上側頭回、上稜回、角回、側頭平面、島皮質、内側側頭回、下側頭回、下前中央回、下後中央回、後下前頭回などの構造が含まれているとされています（Moore, 2007）。特に注目すべき点として、ウェルニッケ野（ブロドマン野 #42）

が二次聴覚野に位置しており、この部分が損傷すると、ことばの理解が困難になることが知られています。二次聴覚野の主要な機能としては、以下の2つが挙げられます。① 聴覚皮質からの情報を脳の他の部分へと伝達する役割、② 高次の脳領域（例：前頭葉、頭頂葉）からのフィードバックを受け取り、一次聴覚野が関心のある音の特性を効果的に分析し、関連性の低い音を抑制する能力を最適化する役割（Flexer & Wolfe, 2020）。

　聴覚情報は、他の感覚系と統合され、脳の各部分に分散され、高次の意味をもつように処理されます。私たちが感じる全ての感覚刺激は、特定のニューロンの反応として表現されます。例えば、"アオ"という単語を聞くと、脳内の特定のニューロンが反応します。一次聴覚野のニューロンが"アオ"という単語の音響要素（/a/, /o/）を処理し、二次聴覚野のニューロンが"アオ"という単語の音響要素を統合し、単一の聴覚単位として"青"を知覚する処理が行われます。

　音の情報は、前頭葉や頭頂葉、後頭葉などの脳の各部分でさらに処理され、意味が付加されます。例えば、前頭葉の活動を通じて、"青"という色に対する好みを判断することができます。また、下前頭皮質の反応は、"青"という単語の音響要素の認識を支援し、文字として"青"を読んだり、話す際に"青"と発音する能力を強化します。後頭葉のニューロンの活動により、心の中で"青"という色を視覚化することができます。脳全体の活動を通じて、"青"ということばから様々な意味やイメージを引き出します。例えば、"青"ということばを聞くと、湖やドラえもん、晴れた日の空などのイメージや、悲しみや憂鬱な感情を連想することがあるでしょう。さらに、前頭葉や他の脳の中枢が感情や記憶、意見の処理に関与することで、「青いシャツを着るのは誰だろう」「私は青い色が好きだ」「おばあちゃん、顔色が悪かったな、また会いに行かなければ」などの考えをもつことができます。

3 | 聴く脳を育む①──「聞こえる」から「聴く」スキルへ

　「聞こえる」ことと「聴く」こととは同じではありません。「聞こえる」とは、音情報が音響として脳に届くことをいいます。難聴の子どもたちにとって、環境の調整や補聴機器の使用は「聞こえる」状態を向上させる手段となります。一方、「聴く」とは、音による出来事に対して意識して注意を向ける行為を指します。この「聴く」という行為は、「聞こえる」ことを前提として学んで体得するスキルです（図2-1）。

図 2-1　聞こえあっての聴くスキル

（1）十分な「聞こえ」とは

何がどこまで聞こえていれば「OK」なのでしょうか？

私たちの話すことばの音域を表して、スピーチ・バナナと呼ぶことがあります。

補聴のレベルを 35〜40dB に調整したとします。バナナの音域の半分ほどはカバーされますが、子音の多く、特に高い音・小さな音は聞こえていないことになります。「シ〜ッ、静かに！」と言われても聞こえないのです。

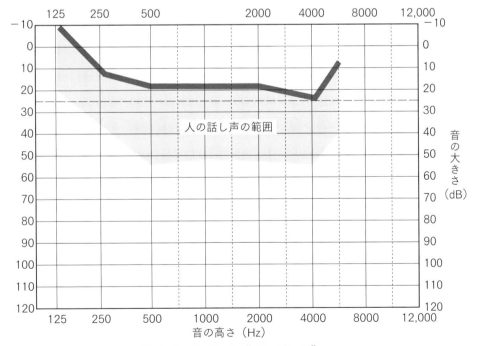

図 2-2　スピーチ "インゲン豆"

http://www.janemadell.com/publications/Checking%20For%20Audibility%20in%20School.pdf

子どもは聞こえたように話しますから、お手本となる周りの人の音声が全て明瞭に聞こえることが大事です。近年ではバナナの代わりに上部の太線で表されたインゲン豆を補聴の目標ラインとする考え方に変わってきています（図2-2）。

　AVT療育では、まずオーディオロジストが補聴機器を調整して音情報がきちんと脳に届けられる状態を作った上で、子どもが聴くスキル・話すスキル、そして認知する力を伸ばしていけるよう指導します。ことばを教えるのではなく、ことばを学ぶ力をつけるのです。

　子どもの成長には段階があります。例えば、立つこと、歩くこと、走ることなど、一つ一つのスキルは前の段階を経て習得されます。聞こえからことばの習得に至る発達も同じことで、一つ一つのスキルの習得はその前の段階を経て行われます。AVTではこの自然な発達段階を基準にして、子どもの現在の段階を評価し、いつ次に進めるか、どうしたらそのプロセスをサポートできるか、と考えて指導プランを作ります。

(2) 聴くスキルの芽生え

　聴覚は、妊娠第3期に蝸牛が完全に形成される時点から始まり、思春期に中枢聴覚神経系が成熟するまで続く長い過程を経て成長します。特に乳児期には、聴く経験や練習を重ねることで音声の知覚から意味を理解する能力を急速に発展させます。

　蝸牛から大脳皮質までの聴覚経路の研究から、音響信号の処理の仕組みが明らかになっています。

① 聞こえの感度（検出）：音の存在を感知する能力です。特に生後3ヵ月までの乳幼児は、高音に対する感知が低音や中音に比べて劣っているとされています。生後2年頃には成人に近いレベルになります。

　重度の難聴のある子どもたちでは、「音が存在すること」に気づくところからスタートしなければならないかもしれません。AVTの初期段階では、この「気づき」を促進するためのアプローチが取られます。具体的には、水の流れる音やドアの開閉音など、日常の音に繰り返し触れさせることで、子どもの音に対する気づきを高めることを目指します。「ゼロからイチ」への大切なステップです。

　一方、親も、子どもの反応を観察し、音を感知した瞬間を捉えることができるようになります。直接「聞こえた」と伝えてくれなくても、目の動きや一時的な動作の停止などから読み取ることができます。そして、感知を確認した際には、積極的にその経験を肯定するフィードバックを与えることが大切です。このような経験の繰り返しを通じて、子どもは音に対する興味やモチベーションを高め、より積極的

に「聴く」ようになります。これは、親子のコミュニケーションの基盤となるものです。

② 聞こえの特異性（弁別）：音の違いを識別する能力を指します。弁別能力のテストでは、最も微細な音の違いや変化に対する反応を評価します。この能力は、生後 6 ヵ月頃には大きく向上しますが、成人と同等のレベルになるのは 12 歳頃とされています。

③ 音の位置の特定：音源の位置を特定する能力は、生後 10 ヵ月で向上します。生後 1 年になると、微細な音の位置も特定できるようになります。首の動きの反応も生後 10 ヵ月で進化し、3 ヵ月では左右に、8 ヵ月で下向きに、10 ヵ月で上向きに動くようになります（McConnell & Ward, 1967）。この音の位置を特定する能力の向上は、聴覚の進化だけでなく、体の筋力や首のコントロールの向上にも起因しています。

④ 雑音下での信号の知覚：聞こえてくるたくさんの音の中から「選んで聴く」というスキルです。乳児や幼児は背景雑音の中からことばを識別するのが苦手ですが、徐々に成熟し、思春期には大きく向上します。

　基本的な聴覚過程に関する知識は、聴覚の発達を理解する上での出発点となります。では次にいよいよ、幼児がどのようにして音声の情報を解釈するのか、どのように音から意味理解へと進むのかを見てみましょう。

4 ｜ 聴く脳を育む②――選んで聴き、音から意味へ

　赤ちゃんには本来、周囲の音を聴き、ことばを学ぶ能力が備わっています。コミュニケーションの中で注意、記憶、カテゴリー化、統計的学習といった認知過程を経て、様々な音声信号を解読し、言語を習得していくのです。

（1）注意から記憶へ

　赤ちゃんは周囲の多くの音や刺激に囲まれているにも関わらず、親の語りかけに集中することができます。自分にとって重要な音を選び取る聴覚的注意には 4 つのレベルが存在し、聴く力と言語の発達の基盤となっています。

・覚醒：「耳を澄ませる」は、音情報を受け取るための準備段階です。他者との関わり合いや日常に溢れる音に触れることで、この態度が育まれます（Kuhl, 2011）。

・方向づけ：「耳をそばだてる」とは、音が聞こえた！という時、赤ちゃんは動員で

きるだけの注意力を使って音がどこから来たのか探ろうとし、視覚も動員して音源の情報を得ようとします。それがこの段階です。

・選択的注意：「選択して聴く」は、重要でない感覚刺激を無視し、聴きたい音に集中するスキルです。例えば、親の語りかけに注意を向けるということができます。

・持続的注意（記憶）：「選択して聴く」能力が身に付くと、「聴き続ける」こともできるようになります。ある時間聴き続けることで聴いたことが記憶に残ります。

（2）カテゴリー化と統計的学習

赤ちゃんの言語習得は、音声知覚から言語理解へと進みます。

・生後3ヵ月頃、乳児向けの話し方（対乳幼児語、ペアレンティーズ）を好むようになります。赤ちゃんに向かうと誰もが自然と、表情豊かに、普通の会話よりも高音域で、母音を長く強調、子音をはっきり発音しながら、ゆっくり、抑揚豊かに話してしまうものです。それは、赤ちゃんが追跡して意味のある単位に分割しやすい話し方と言えるのです。

・乳児は、フレーズを分割することで、その中の聞き慣れた単語を認識します。生後3ヵ月までに、聞き慣れた単語を含むことばがけに長く注意を向けるようになります。この段階では、単語の意味を理解しているわけではありませんが、繰り返される単語の出現頻度を統計的に学習しています。

・同じく音声の出現頻度に基づいて、音素のカテゴリーが形成されていきます。新生児は多様な母音や子音を識別できますが、生後6ヵ月から8ヵ月にかけて、母語の音声に特化した識別能力をもつようになります。この変化は、乳児が統計的学習を通じて、言語固有の音声知覚を獲得している結果です。例として、英語では [r] と [l] は異なる音素として扱われ、"red" と "led" は異なる単語として区別されます。しかし、日本語では [r] と [l] は同じ音素カテゴリーに属し、区別されません。日本語の家庭で育った乳児は、新生児の頃は [r] と [l] を区別できますが、生後8ヵ月になると区別をしなくなります（Kuhl, 2004）。

（3）そして意味へ

・8ヵ月頃には、頻繁に出現する単語の意味を理解し始めます。対乳幼児語は、音響的に聞きやすいだけでなく、意味理解につながりやすいという特徴ももっています。日常の様々な場面で、親子で視線を交わしながら心を通わせ、ことば以前の情緒、感情、関心が共有される中で発せられる親のことばは、赤ちゃんの関心を強く

引きつけます。会話は主に赤ちゃん自身が関わることについて交わされ、同じこと
ば・言い回しが繰り返されることが多いので、聞こえてくる音のパターンとその意
味するところとが関連づけられ、話の流れが予想しやすくなるのです。つまり、今
手にしているオムツや今遊んでいるオモチャについて話す、赤ちゃんの笑う・泣く
といった行為を言語化する、指さしや視線の移動で対象を共有する、体を乗り出し
て相手への関心を示すなどの親の行動が、赤ちゃんの言語理解へのヒントとなるの
です。

　AVT 療育では、このような赤ちゃんの言語習得メカニズムをもとに、聞こえにくさ
を補う意味で、聴くスキルの習得を意識的に後押しします。聞こえる子であれば身近な
人のことばがけから自然と得ているヒント（音のまとまりを捉えやすくする強調や間、
意味を捉えやすくする追加情報など）を、意識的にやや誇張して提示しましょうという
ストラテジー（戦略）については第 4 章をご参照ください。

5 ｜ 聴覚活用の鍵

　子どもの成長・発達はそれぞれであり、聴覚障害のある子どもの学びもまた一人一人
違います。言語発達に影響を与える様々な要因についての研究から、子どもたちが「聴
く力」を最大限伸ばしていくために何が必要なのかを考察します。

（1）早期補聴と補聴技術の常時使用

　最適な聴覚技術を選び、適切に調整し、迅速かつ早期に提供することは、聴覚脳の最
適な発達のための第一歩です。補聴器や人工内耳は、子どもたちの脳に音を届けるため
の重要なツールです。目覚めている間は常時使用することで、子どもたちは聴覚の経験
を得ることができ、その結果、聴覚や言語のスキルが向上します。一方、装置の使用時
間が短いと十分な聴覚刺激を受け取ることができず、その影響で聴覚や言語のスキルが
習得できにくくなる可能性があります。

　より早期の診断とより良い言語発達は相関すること（JCIH, 2019; Yoshinaga-Itano,
2003）、人工内耳装用児を対象にした研究では、装用開始が早ければ早いほどその後 3
年間の言語理解と表出の伸びが早かったことが報告されています（Niparko et al.,
2010）。

　ことばの音域全てを網羅する補聴をし、できるだけ静かな環境で、音声知覚から音韻

認識に至るプロセスを容易にしてあげることも大事です。

（2）親子の関わり

　親子の関わりが脳の聴覚領域、神経ネットワーク、神経接続、シナプスの形成を促し、言語、聴覚、読み書きの能力の発達のために重要であることは、多くの研究が明らかにしています。

　「3,000万語ギャップ」として知られる研究（Hart & Risley, 1995）では、親子のやり取りが多い家庭と言語刺激が少ない家庭とを比較し、子どもたちの語彙やのちの学力に違いがあることを明らかにしました。これは難聴児を対象とした研究ではありませんが、難聴児療育にも通じるインプットの量とターンテイキングの重要性に光をあてたと言えます。

　親子の関わりの質に関しては、親（特に母親）の感性が高い家庭では難聴児の言語力・認知力ともに高くなると報告されています（Quittner et al., 2013）。感性の高さとは、子どもの関心が向いた対象について、心が動いたその瞬間に、発達段階や理解力に見合ったことばがけによって、子どもが安心して反応できるような関係性を築くことを指します。親は子どもの泣き方で空腹なのかオムツの不快なのかを聞き分けられるようになると言います。その延長線上に、子どもの関心を捉えるもの、呼び覚まされているであろう記憶、感じている喜びや恐怖などを感じ取る感性を育てていきます。

　家庭内のコミュニケーションに豊かなことばが使用されることは、子どもの学習成果を向上させる要因となり（Ambrose et al., 2015）、家族が子どもの学習に積極的に関与することも、子どもの言語成果を向上させる要因となる（Ching et al., 2013, 2018; Eisenberg et al. 2005）といった報告もあります。

（3）親子の関わりをサポートする療育的介入

　聴覚障害児のための療育的介入には様々な形がありますが、「家庭を中心とした（family-centered）」指導、つまり療育の専門家による親コーチングが良い結果をもたらすことが報告されています（Lam-Cassettari, Wadnerkar-Kamble, & James, 2015）。健聴の親と難聴児との親子間では、健聴の親子間ほどやり取りが活発でないという知見があります。そこで難聴児の親がコーチングを受け、子のことばの習得に主体的に関わり、そこに自信をもつようになったことがプラスの効果をもたらしたものです。

　AVTは親が主体となって家庭をベースに聴く力を伸ばしていくための親コーチングを主軸としています（図2-3）。聞こえや補聴年齢、家庭環境など多様な条件を考慮し

　AVT では親の役割の重要性から「家庭ベース」の療育を謳っています。これまで見てきたような聴く力の発達過程を親がよく理解し、自分の子が今どの段階にあり、次に進むためにどのようなインプットを意識してあげれば良いのかを知ることで、無理なく、効率よく、親子のやり取りができるように指導します。

　AVT の指導は個別が基本です。子どもの聞こえの状況と発達段階、親の能力と学びスタイルはそれぞれ違うからです。子どもを囲んで療育者と親が両端に座るスタイルは、療育者と子どもとのやり取りを親が見て、その場で真似てコツを体得し、家庭でのあらゆる場面に応用できるようになるのに大変有効です。

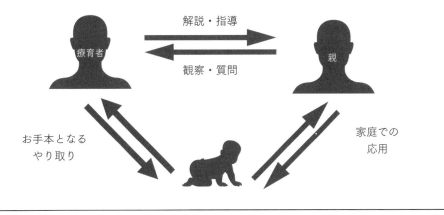

図 2-3　家庭ベースの療育をサポート

た上で、AVT による療育を受けた子どもたちと健聴の子どもたちを 4 年以上にわたり比較追跡した研究では、両者に発話力・言語力・自己肯定感に違いがなく、読む力と数学においても概ね同程度の成果が得られたと結論づけています（Dornan et al., 2010）。

6 ｜ まとめ

　聞こえから聴く脳へという学びのプロセスを見てきました。聞きながら音を分析し、自分にとって重要な音にエネルギーを集約させ、統計的にパターンを抽出し、法則性を見つけ出し、外界の事象に結びつけて意味を理解するという驚異的な学びの過程を、赤ちゃんが成し遂げているのです。

　外界からの刺激に対して主に受動的であった赤ちゃんが、1 歳頃までには観察者から実験科学者へと変貌を遂げ、見るもの聞くものに潜むパターンを熱心に発見しようとします。2 年目にはさらに探検者となり、コミュニケーション世界をどんどん広げていきます。幼稚園時代は表出者として、身に付けた言語スキルを見せてくれます。このような習得段階を経て、子どもは言語を操れるようになり、学習の基礎を固めるのです。

能動的に周りの世界と関わるようになると、ことばの学び方も変わってきます。探検者となって多くのモノやコトを経験し、その言語化を学ぶことに加え、ことばによるコミュニケーションを通して自我が目覚めていきます。相手と自分とは異なること、相手もまた主体であり、自分とは異なる視点や感情をもつこと、そうしたことを踏まえなければコミュニケーションは成り立たないと学んでいくのです。詳しくは第5章の「発達」を参照してください。

　また、身の回りの限られた人や状況から離れて、知らない人や生き物に出会ったり空想の世界に遊ぶことでも言語世界は広がっていきます。第6章に詳しい読み書き力は、聴くことで生きたことばを学ぶ、その先に芽生える力です。ことばは世界を読み解くための鍵であり、新しい世界を創造する魔法でもあり得るのです。

　AVTでは「私たちは脳で聞く」ことを療育の根本に据え、聞こえを担保して「聴く脳」を育むことを目指します。子どもの自然な発達段階を指針とし、子どもの学びのメカニズムをそっと後押しする療育です。AVT療育者にコーチングしてもらいながら、親が、家庭で、聴く力を育てる。そうして育まれた「聴く脳」は、認知・思考力、自我の確立、社会性など、生きていくための力の土台となっていきます。

引用・参考文献

Ambrose, S. E., Walker, E. A., Unflat-Berry, L. M., Oleson, J. J., & Moeller, M. P. (2015). Quantity and Quality of Caregivers' Linguistic Input to 18-Month and 3-Year-Old Children Who Are Hard of Hearing. *Ear and Hearing, 36* Suppl 1(01): 48S-59S.

Andreatta, R. D. (2020). *Neuroscience fundamentals for communication sciences and disorders.* San Diego, CA. Plural Publishing.

Ching, T. Y., Dillon, H., Marnane, V., Hou, S., Day, J., Seeto, M., Crowe, K., Street, L., Thomson, J., Van Buynde, P., Zhang, V., Wong, A., Burns, L., Flynn, C., Cupples, L., Cowan, R. S., Leigh, G., Sjahalam-King, J., & Yeh, A. (2013). Outcomes of early- and late-identified children at 3 years of age: findings from a prospective population-based study. *Ear Hear, 34*(5), 535-552.

Ching, T. Y., Dillon, H., Leigh, G., & Cupples, L. (2018). Learning from the Longitudinal Outcomes of Children with Hearing Impairment (LOCHI) study: summary of 5-year findings and implications. *International Journal of Audiology, 57.*

Dornan, D., Hickson, L., Murdoch, B., Houston, T., & Constantinescu, G. (2010). Is Auditory-Verbal Therapy Effective for Children with Hearing Loss? *The Volta Review. 110*(3), 361–387.

Eisenberg, N., Zhou, O., Spinrad, T. L., Valiente, C., Fabes, R. A., & Liew, J. (2005). Relations Among Positive Parenting, Children's Effortful Control, and Externalizing Problems: A Three-Wave Longitudinal Study. *Child Development, 76*, 1055-1071.

Flexer, C., & Wolfe, J. (2020). Auditory Brain Development And Auditory-Verbal Therapy. *Auditory-Verbal Therapy: Science, Research, and Practice.*

Hart, B., & Risley, T. R. (1995). *Meaningful Differences in the Everyday Experience of Young American Children.* Baltimore, MD. Paul H Brookes Publishing.

JCIH（Joint Committee on Infant Hearing）（2019）. Position Statement: Principles and Guidelines for Early Hearing Detection and Intervention Programs. *Journal of Early Hearing Detection and Intervention, 4*(2), 1–44.

Kuhl, P. K.（2004）. *Early language acquisition: cracking the speech code. Nature Reviews Neuroscience 5,* 831–843.

Kuhl, P. K.（2011）. Early Language Learning and Literacy: Neuroscience Implications for Education. *Mind, Brain, and Education, 5*(3), 128–142.

Lam-Cassettari, C., Wadnerkar-Kamble, M. B., James, D. M.（2015）. Enhancing Parent-Child Communication and Parental Self-Esteem With a Video-Feedback Intervention: Outcomes With Prelingual Deaf and Hard-of-Hearing Children. *Journal of Deaf Studies and Deaf Education, 20*(3), 266–274.

McConnell, F., & Ward, P. H.（1967）. Deafness in Childhood. Univ of Illinois Pr. https://eric.ed.gov/?id=ED022284

Moore, D.（2007）. Auditory cortex 2006 -The listening brain. *Hearing Research, 229,* 1–2.

Niparko, J. K., Tobey, E. A., Thal, D. J., Eisenberg, L. S., Wang, N. Y., Quittner, A. L., Fink, N. E.; CDaCI Investigative Team（2010）. Spoken Language Development in Children Following Cochlear Implantation. *Journal of American Medical Association, 303*(15), 1498–1506.

Quittner, A. L., Cruz, I., Barker, D. H., Tobey, E., Eisenberg, L. S., Niparko, J. K.; Childhood Development after Cochlear Implantation Investigative Team（2013）. Effects of Maternal Sensitivity and Cognitive and Linguistic Stimulation on Cochlear Implant Users' Language Development over Four Years. *The Journal of Pediatrics, 162*(2), 343–348.

Yoshinaga-Itano, C.（2003）. From Screening to Early Identification and Intervention: Discovering Predictors to Successful Outcomes for Children With Significant Hearing Loss. *Journal of deaf studies and deaf education, 8*(1), 11–30.

第 3 章

AVT と聴覚・補聴

山本修子・富澤晃文

1 | AVT と聴覚機能検査

（1）聴覚機能検査の意味

　聴力閾値や語音弁別能は、音声聴取能と発話の発達に直接的な影響を及ぼしうるものです。難聴児の聞き取り、言語、会話能力の発達のためには、AVT 療育者も親も聴覚機能検査の結果をよく理解し、活用することが重要です。聴覚機能検査では、聴覚の幅広い事柄を扱います。純音聴力検査は、他よりも重要視されることが多い検査ですが、聴覚機能の一部分しか表していません。AVT では、難聴の性質や聴力はもちろんですが、聞き取りスキル、コミュニケーション方法、親や家族との関わりなども総合的に評価する必要があります。

（2）難聴の性質や聴力閾値を調べる検査

1）オージオグラム

　オージオグラムとは、様々な高さの音について、50 ％以上の確率で聞くことのできる最小の音の強さのレベル（dB）を閾値として記録したものです。難聴の有無だけでなく、種類、程度、聴力像、左右差などの情報を得られます。なお、乳幼児の検査では閾値レベルで反応を示さないことも多くみられるため、検査結果を閾値ではなく最小反応レベル（minimal response levels: MRL）と表現することもあります。

　検査音の提示方法により、気導聴力検査と骨導聴力検査に分けられます。気導聴力検査では、インサートイヤホンやヘッドホンなどで純音を提示する、または音場検査でワーブルトーンや狭帯域ノイズ（バンドノイズなど）を提示して、裸耳もしくは補聴下の状態で検査します。骨導聴力検査は、耳の後ろにある乳様突起という所に骨導端子を当て、音で頭蓋骨を振動させ、内耳の有毛細胞に刺激を伝えます。骨導検査は外耳や中耳の障害の影響を受けないため、気導閾値と骨導閾値を比較することで、難聴の種類を鑑別することができます。伝音難聴は、骨導閾値は正常範囲内で、気導と骨導の閾値差が15dB 以上ある難聴で、外耳または中耳の障害によって起こります。感音難聴は、骨導閾値が 25dB HL 以上で、かつ気導と骨導の閾値に乖離はなく、内耳または聴覚伝導路の障害によって起こります。混合性難聴は、外耳／中耳（伝音系）と内耳／聴覚伝導路（感音系）の障害が組み合わさることによって起こります。この場合、骨導閾値は 25dBHL 以上であり、気導閾値と骨導閾値の差が 15dB 以上あります。感音難聴の子どもが

中耳炎を繰り返すと、聴力変動を伴う混合性難聴を引き起こすことがあります。AVT において、難聴の種類を把握しておくことは重要です。

　各耳の平均聴力レベルは、500、1000、2000Hz の閾値の平均値で表されます。難聴の程度は、この平均聴力レベルに基づいて決定されます。例えば、平均聴力レベルが 30dB HL であれば、軽度難聴であることを意味します。しかし、オージオグラムの形状が高音だけ急峻に低下している高音急墜型の場合は、平均聴力レベルだけでは難聴が音声聴取に与える影響を正確に推定することができません。一般的に、500、1000、2000Hz の周波数は母音と子音の大部分がこの高さの音域に集中しているため、中心音声周波数（音声周波数帯域）と呼ばれています。**図 3-1** に、Killion et al. による Count

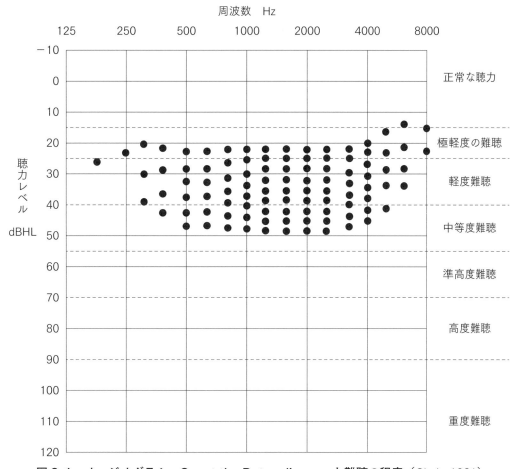

図 3-1　オージオグラム—Count the Dot audiogram と難聴の程度（Clark, 1981）

難聴の程度の分類法はいくつかあり、ここでは American Speech-Language-Hearing Association（ASHA）の分類が用いられている。

the Dot audiogram（Killion & Mueller, 2010）を示します。この図の100個の点は音声聴取に必要な周波数と強さを反映しており、点の数が多い音域ほど、その周波数が音声聴取にとって重要であることを示しています。この図から、4000Hz以上の周波数も音声聴取に関与することがわかります。

2）聴性脳幹反応（ABR）

　聴性脳幹反応（ABR）は電気生理学的検査で、聴性行動による方式では信頼できる測定ができない場合に用いられます。音は、イヤホンまたは骨導端子を用いて提示され、頭皮に取り付けた電極で、蝸牛神経（第8脳神経）と脳幹のニューロンから発生する電気活動を測定します。2000～4000Hzの周波数領域を中心としたクリック音や、周波数ごとの短いトーンバーストを多数回提示し、それぞれの刺激レベルにおける反応を記録します。反応が確認できる最小レベルをABR閾値とします。125から8000Hzの周波数別の情報が得られるオージオグラムとは異なり、ABR検査は2～3種類の周波数に対する反応の結果を示します。また、ABRで使用される最大提示レベルは、一般的に純音聴力検査で使用される最大レベルほどは強く出せません。したがって、ABRで無反応であっても、聴力が全くないということではありません。また純音聴力検査では閾値が5dB間隔で得られるのに対し、ABRでは通常提示レベルを10～20dBごとに変えるため、純音聴力検査のような閾値の精度は得られません。このように、ABRは聴性行動反応検査や純音聴力検査の代用にはなりませんが、左右耳別に難聴の程度と伝音系の要素の有無に関する推定情報が得られ、乳幼児のように検査にうまく応じられない場合でも実施可能であるため、難聴の有無と程度の診断目的で用いられます。

3）耳音響放射（OAE）

　耳音響放射（OAE）は、クリック音や短音刺激によって蝸牛で発生する弱い音で、感度の高いマイクロホンを用いて外耳道内で記録することができます。主に、誘発耳音響放射（TEOAE）と歪成分耳音響放射（DPOAE）があり、どちらも蝸牛の状態を評価するために用います。ABRと同様、子どもの積極的な協力は必要ありません。短時間で測定可能であり、新生児聴覚スクリーニングの手段の1つとして使用されています。ただし、中耳機能が正常でないと反応が得られなくなるため、注意が必要です。診断上は、内耳性難聴と後迷路性難聴を識別するのに有用です。OAEの異常は蝸牛の損傷による内耳性難聴を示すものです。ABRの誘発電位異常は内耳性難聴でも、蝸牛神経や脳幹の損傷による後迷路性難聴でも認められます。したがって、OAEはAuditory Neuropathy Spectrum Disorder（ANSD）を特定するための重要な検査の 1 つでもあります。

4）ティンパノメトリー

　ティンパノメトリーは、中耳圧と鼓膜の動きを測定することで、中耳機能が正常かどうかを判断する検査です。幼児が鼻づまりを起こした時には、鼓膜が陥凹しやすく、鼓膜の動きは保たれているものの中耳内が陰圧という結果が見られます。中耳内が陰圧で鼓膜の動きが低下している時は、耳垢の蓄積、過度な中耳内の陰圧、滲出性中耳炎などの状態を示している可能性があります。中耳の機能不全は、聴力レベルを 5〜40dB 低下させることがあり、これは難聴児の聴覚学習に大きな影響を及ぼし得ます。聴力レベルの低下に応じて、補聴器の利得を上げることも検討されますが、中耳に液体が溜まっている場合は、ハウリングが増加することもあるので注意が必要です。もともと内耳性難聴や後迷路性難聴がある子どもにとっては、中耳の機能障害による聴力変動が加わると大きな問題となります。慢性的な中耳機能障害の既往をもつ子どもたちは、3 ヵ月ごとなど定期的にティンパノメトリーを受け、心配なことがあれば療育者や担当医に伝える必要があります。

（3）聞き取りスキルの検査

　聴覚検査では、音声やことばの検知から弁別、同定と識別、理解まで、様々な聞き取りスキルも評価します。子どもの聴能発達の段階に合わせて、順に紹介していきます。

1）検知（Detection）

　検知とは、音の存在に気付く能力です。音の検知は、聴覚学習の最初のステップです。AVT では、親や療育者が意図的に様々な音声やメロディが鳴る時計などの環境音を提示し、子どもに音を探すように促すことがあります。家庭でも同様の経験を繰り返し行います。子どもが音源を探す、音源の方に目や顔を向ける、動きを止める、静かになる、驚く、声を出すなど、音を検知したことを示す様々な自発的行動を示し始めたら、それは音に気付いた証拠です。この発達段階は、聴覚発達に必要不可欠です。

　純音やワーブルトーンなどの音ではなく、音声を 50 ％の確率で検知できる最も小さい音のことを音声検出閾値（Speech Awareness Threshold）と呼びます。最も弱い子音（/s/）から最も強い母音（/a/）まで、あらゆる音声を全て受容するには、閾値より 30dB 大きい音で提示する必要があります（Ling, 1989）。他の閾値測定と同様に、未就学児は条件詮索反応聴力検査や遊戯聴力検査の状況下で行い、それ以降の年齢では聞こえた

ら挙手するよう指示するだけでよいでしょう。具体的な音声検出閾値の検査方法として、/m/, /u/, /a/, /i/, /∫/, /s/ の 6 音の検知をする Six Sound Test（Ling, 2002）があります。様々な音声の検知を試みることは重要ですが、検知できない音に焦点を合わせることに固執して、子どもにフラストレーションを与えることがないようにします。

　子どもの話しことばを発達させるためには、"オーバーヒヤリング（小耳にはさむ）"も重要な聴覚スキルです。実際、偶発的に周囲の人の会話を耳にすることで多くの言語学習が行われています。したがって、子どもの周りの環境にある全ての音をできるだけ検知できるようにすることが、重要な第一歩となります。子どもが音に対して注意を向けているかを記録する評価ツールとして、Infant Toddler Meaningful Auditory Integration Scale（IT-MAIS）があります。これは、発声行動、補聴器・人工内耳の使用、音への注意能力、音の意味付けをする能力など、日常生活での音の認知能力を評価する 10 の質問からなり、本邦でもよく用いられます（Zimmerman-Phillips, Osberger, & Robbins, 1997）。

2 ）弁別（Discrimination）
　弁別とは、2 つ以上の音が同じか異なるかを判断する能力です。子どもは、音の違いに気付くこと、または異なる音には違うと反応をすることを学びます。異同弁別の課題では、特定の音の同定・識別能力に先立って、2 つの音の違いを判断する能力を評価します。超分節レベル（韻律）では、音の長さ、大きさ、高さが異なる音のペアを提示し、そのペアが同じか異なるかを子どもに尋ねます。分節レベル（音韻）では、もし子どもがある単語で /s/ を聞き取っているかどうかわからない場合、cat-cat と cat-cats のようなペアを提示し、それぞれのペアの単語が同じか異なるかを子どもに尋ねたり、cat-cat-cats-cat-cat と言って、いつ音が変化したかを尋ねたりします。子どもが特定の音声や特徴を識別することが困難な場合、聴覚的に違いを弁別できるかどうかを判断するための弁別課題として使用します。もしできない場合は、識別課題に移る前に、その弁別に焦点を当てることが必要になります。

3 ）同定と識別（Identification or Recognition）
　同定または識別とは、物や絵を指さす、単語を文字で書く、聞こえた単語や音を復唱するなど、音声刺激や環境音が何であるか（何のカテゴリーに属するか）を明確に特定し再現する能力のことです。音声の識別の向上には、まず超分節的特徴（韻律；持続時間、強弱、ピッチ、リズム）を捉えることが重要です。補聴器を装用している軽度から

高度の感音難聴の子どものほとんどは、聴覚によって超分節的特徴を捉えることができ（Ling, 1989）、人工内耳を使用する重度難聴の子どもも、超分節的特徴を捉えることができます。持続時間、強弱、ピッチ、リズムの違いを弁別する能力を測定する聴覚検査はほとんどないため、この分野の評価は AVT 療育者に委ねられます。超分節的特徴の次に分節的特徴（音韻；母音と子音などの音素）の識別を学びます。難聴の程度が重い子どもは、超分節的特徴の識別が上手くできていても、日常生活で分節的特徴の識別をする際は、視覚的な手がかりに大きく依存することがあります。分節的特徴を識別できるようになる最初の兆候は、語音了解閾値（SRT: speech recognition threshold）が得られるようになることです。SRT は、語音了解度が 50 ％になる語音レベルと定義され、米国では強勢アクセントが強強格の 2 音節語（hot dog, ice cream, baseball など）が検査語に用いられますが、日本では 57-S 語表と 67-S 語表の数字語表の一桁数字（/ ニ /, / ヨン /, / ナナ / など）の聞き取りで測定します（山下 & 松平, 2008）。SRT は、純音閾値の信頼性を確認するためのもので、子どもが正確に反応していれば、SRT と平均聴力レベルは概ね一致します。語音弁別検査は、様々な条件下での語音（米国では単語）の識別能力を測定するものです。背景雑音なしで SRT より 25〜30dB 上の音のレベルで提示する理想的な条件や、小さな声の会話レベル、あるいは通常の会話レベルの音声を静寂下と雑音下で提示する、より実生活に近い条件などで行います。またコミュニケーション方法にあわせて、聴覚のみ、聴覚に読話併用で提示する方法があります。米国では有意味の単音節単語（bells, cap, flat, smooth など）を用いて、日本では無意味の単音節（/ シ /, / タ /, / ト / など）を用いて、正解数をパーセントで表します（山下 & 松平, 2008）。語音弁別能力は、就学前および小学校低学年の時期に向上し、その後、聴く力を最大限活用できるようになり安定します。本邦で用いられている単語了解度試験としては、単音節 100 語と 4 モーラ単語 4000 語を親密度別に 4 段階に分類した親密度別単語了解度試験（坂本他, 1998）の他、人工内耳評価のために作成された語音聴取評価検査 CI 2004（日本人工内耳研究会, 2004）には小児用としてクローズドセットとオープンセットの検査が用意されています。

　語音弁別と言語表出の能力は、密接に関連しています（Ling, 1989）。したがって、言語表出を促すために、分節的特徴を識別する練習を取り入れることは、非常に有益なことです。ただし語音弁別スコアは、子どもの語音聴取能を過小評価する可能性があり、特に高音急墜型難聴の場合は注意が必要です。このような場合には、文での聴取テストを行うことで、文脈の手がかりを使用して音声を識別する子どもの能力を評価することができます。日本でよく用いられている文の弁別検査としては、CI2004（日本人

工内耳研究会，2004）に小児向けのクローズドセットとオープンセットそれぞれの文リストが含まれるほか、HINT テストの日本語版である HINT Japanese には練習用リストも含まれています（井脇他，2002）。

4）理解（Comprehension）

　理解とは、質問に答える、指示に従う、言い換える、会話に参加する、などの様々な聴覚的反応にみられるような、音声の意味を了解する高度な能力のことです。実際には、幼児の聴覚的な理解の活動は、自然なコミュニケーションの一環です。親（保護者）には、同定を促す同定課題とともに簡単な理解を促す理解課題に取り組むことが推奨されます。AVT 療育では、指示に従わせる、2〜3 個の指示を順番に行わせる、物語に関する質問に答えさせる（最初はクローズドセットから、次にオープンセット）、さらに子どもが成長したら、室内で 1 つまたは複数の指示に従わせることで、理解度を評価することができます。別の理解課題である言い換えや語句の説明も、話し手のメッセージを確認する練習として欠かせません。言い換えは、認知、言語、聴こえのスキルを融合したより高度なスキルです。AVT の中でも最も高度な活動であり、教室での学習では不可欠なスキルです。

　理解度に関する標準的な聴覚検査はほとんどありません。TAC（Test of Auditory Comprehension）は、フレーズの複雑さのレベルや、クローズドセットからの理解力の課題を評価する上で価値があるとされています。本邦ではウェクスラー式知能検査（WISC-V）の言語理解に関わる項目などで評価されることが多いかもしれません（Wechsler, 2014）。質問紙による理解度の発達レベルの評価も有用です。Children's Home Inventory for Listening Difficulties（CHILD）（Anderson & Smaldino, 2000）は、3 歳から 12 歳の子どもを対象に作成されたもので、家庭や家族の中での 15 の異なるリスニング状況について、子どもの能力を評価します。Listening Inventory for Education-Revised（LIFE-R）（Anderson, Smaldino, & Spangler, 2011）は、教師と 6 歳以上の子どものために作られ、教室での聞き取りが困難な状況について調べるものです。本邦でもよく用いられている質問紙の LittlEARS は、2 歳以下でも言語理解の発達レベルを評価できる有用なツールです（Coninx et al, 2009）。

（4）評価結果の情報共有と連携

　難聴児と家族はありとあらゆる聴覚スキルの評価を受けます。子どもがどの程度聞き取れるか、異なる条件下での聞き取りスコアなどに焦点が当てられることが多い中で、

専門用語や評価方法・状況についてよく知らないために、親（保護者）と医師や言語聴覚士などの医療者で、評価結果が乖離（一致しない）してしまうことがあります。しかし AVT では、親と医療者が連携することが非常に重要です。難聴児の早期発見と管理、親が主導する聴覚環境の提供、療育を通じた言語と聴覚の発達促進、日常生活への聴覚スキルの統合など、医療者と親は共通の目標（ゴール）をもっています。本章で述べた評価結果の情報は、医療者と親がお互いに問題を共有するための土台となるものです。検討すべき領域を明確にすることで、全ての関係者が、聴覚評価と聴覚管理の継続に取り組むことができます。

主な聴覚検査用語

聴性行動反応聴力検査 behavioral observation audiometry（BOA）、または聴性行動反応観察 behavioral observation（BO）：乳児に用いられる聴こえの行動反応の評価方法。音場にて種々の音刺激を提示し、聴性行動反応を観察する検査法。通常の聴性行動としては、突然の音にビクッとする Moro 反射、眼瞼がギュッと閉じる眼瞼反射、眠っている時に突然大きな音がすると眼瞼が開く覚醒反射などを観察する。子どもの聴性行動反応の発達的観点からもみる。

条件詮索反応聴力検査 conditioned orientation response audiometry（COR）：音に対する探索反応、定位反射を光刺激によって強化する条件付けを行い、音場にて聴力を測定する検査法。一般に 6 ヵ月以上の乳幼児に適応。1960 年に信州大学の鈴木・荻場らが開発した。欧米では **VRA（視覚強化聴力検査 visual reinforcement audiometry）** と呼ばれる改良法が使用されている。

遊戯聴力検査 play audiometry：おはじき、つみき、玉そろばんなどを使って、音が聞こえたら玉を 1 つ移動させるといった条件付けを行い、聴力を測定する検査法。一般に 3 歳以上の幼児に適応。ヘッドホンを着けることができれば左右耳別の気導聴力閾値検査が可能。年齢が上がればマスキング下の検査（骨導検査も含む）も可能である。

ピープショウテスト peep show test：音が提示されている時にだけ、スイッチを押すと報酬としてのぞき窓の中に子どもにとって楽しい景色や玩具などが見られるという条件付けを行い、聴力を測定する検査法。一般に 3 歳以上の幼児に適応だが、2 歳台から可能になる場合もある。広義の遊戯聴力検査に含まれる。

純音聴力検査 pure tone audiometry：ヘッドホンで音を出す気導検査と、耳後部から音を伝える骨導検査で、聞こえたらボタンを押す応答法で聴力を測定する検査法。就

学頃から成人で標準的に用いられる検査法。

音場 sound field：ヘッドホンではなく、防音室の中でラウドスピーカーを通して検査音を提示する場合の室内空間。検査結果は常に良い耳での聴力を反映する。

ワーブルトーン warble tone：音場検査に用いられる、検査周波数を中心として周波数が微少に変化する音。純音を室内音場で用いると反射音による音圧のムラが生じるが、ワーブルトーンではこの問題は生じない。

オージオグラム audiogram：横軸に周波数、縦軸に聴力レベルをとり、各耳の周波数別の気導／骨導の最小可聴閾値を示したグラフ。

平均聴力レベル：オージオグラムの 500Hz から 2000 もしくは 4000Hz の聴力レベルの平均のこと。国や機関によって様々な基準が用いられている。わが国では、4 分法（500、1000、2000Hz の聴力レベルを a, b, c dB とした場合（a＋2b＋c）/4）を用いて下記の基準で分類されることが多い。下記は、日本聴覚医学会（2016）による難聴の程度分類である。

軽度難聴：平均聴力レベル 25dB 以上 40dB 未満

中等度難聴：平均聴力レベル 40dB 以上 70dB 未満

高度難聴：平均聴力レベル 70dB 以上 90dB 未満

重度難聴：平均聴力レベル 90dB 以上

語音了解閾値：語音了解度が 50 ％になる語音聴力レベル。わが国では主に、57-S または 67-S 語表の数字語表を用いて測定し、了解度が 50 ％に達するレベルをいう。

語音弁別能：57-S または 67-S 語表の日本語単音節語表を用いて受聴明瞭度（％）を測定する。いくつかの提示レベルで実施し、最も高い数値（％）を最高明瞭度という。スコアの解釈は様々あり、以下はその一例である。

80〜100 ％：聴覚のみで会話を容易に理解可能。

60〜80 ％：普通の会話はほとんど理解可能だが、不慣れな話題では注意の集中が必要。

40〜60 ％：日常会話で内容を正確に理解できないことがしばしばある。

20〜40 ％：日常会話においても読話や筆談の併用が必要。

0〜20 ％：聴覚はコミュニケーションの補助手段。聴覚のみの会話理解は不可能。

明瞭度、了解度：正しく聞き取れた音声の百分率（％）。明瞭度という用語は、評価用の音声が無意味の単音節などである場合に用い、了解度という用語は、有意味の単語、句または文の場合に用いる。

2 | AVT と補聴器

（1）AVT における補聴器の活用法

　補聴器は、難聴児の音情報へのアクセスを向上させるために使われる代表的な聴覚補償テクノロジーの 1 つです。AVT では、子どもたちの聞き取りや聴覚スキルの向上に注力することで話しことばや読み書きの発達を促すため、補聴器の使用は AVT の土台となります。補聴器の装用によって最適な音の増幅を受け続けることが重要となります。親、言語聴覚士、そして AVT 療育者は、様々な聞こえの状況に合わせて、補聴器の装用を継続させる方法を知っておく必要があります。補聴器の具体的な活用方法のポイントは以下の 3 つです。

1）残存聴力を最大限に活用する

　ほとんどの難聴児は、ある程度の残存聴力を保有しています。補聴器は、この残存聴力を最大限に活用するために使用されます。聴野のダイナミックレンジは、聞こえ始める最小音（聴覚閾値）と不快に感じる最大音とのレベル差で定義されます。難聴の程度が重くなると、聴覚閾値は上昇しますが、大きな音に耐え得る最大レベル（不快レベル）はそれほど変わりません。結果として残存聴野（＝ダイナミックレンジ）の範囲は狭くなります。よって、軽中等度難聴児のダイナミックレンジはある程度の広さを残しますが、高度・重度になるほどダイナミックレンジは狭くなります。補聴器は、残存聴力を最大限に活用しますが、難聴による限られたダイナミックレンジの範囲内に、増幅した音声や身の周りの音を適切な音量感で与えるようにすることを目指します。音の増幅量のことを利得（ゲイン）と言いますが、それぞれの子どもの聴力や聞こえ方を元に、その子の耳に適した利得となるように補聴器の音のプログラミングを行います。個々人に応じた利得の設定は、音情報へのアクセスと聴覚活用の上で重要です。

2）音声や環境音を快適な音量感で聞こえるようにする

　耳が音を捉えられる（検知できる）こと、音が耳の聞こえる範囲に届くこと、このような、耳で音を検知できる程度のことを可聴性（audibility）といいます。音声の可聴性は、言語音を構成する音声の情報量が、どの程度聞こえているか（検知できるか）を基準に定義されます。耳で聞くことのできる音声の情報量を、0.00〜1.00 の数値で表す

Speech Intelligibility Index（ANSI, 1997）という指標を使って定量的に示すことができます。数値が 1.00 に近いほど、聞き手の耳に聞こえる音声の情報量が多く、音声が聞き分けやすいことを意味します。この数値は、**図3-1** の検知できるドットを数えると算出できます。

　ところで、子どもたちは、様々な音源による雑音や、突発的な衝撃音などの強さが変化する雑音がある場所や、複数の人たちが話をしている場所で、目的の音声を聞かなければならないことがよくあります。例えば学校の教室では、エアコンの雑音と廊下を行き来する生徒たちの話し声が聞こえてくる中で、先生や他の生徒たちとのディスカッションに参加しなくてはいけません。このような状況では、関心のある特定の話し手の音声に注意を向けて、他の人の話し声は関係ない雑音の一部として聴き分ける必要があります。補聴器は、音声や環境音の聞き取りやすさを向上させることで、このような複雑な聞き取り状況にもある程度対応することができます。背景雑音が多い環境では、後述の FM システムやデジタル補聴援助システムなどの聴覚支援テクノロジーを追加使用することで、教師など特定の話者が発する音声へのアクセスを強化することができます。

3）聴覚刺激を増やして、言語と認知の発達を促す

　難聴児は、音刺激の入力が制限されることで、脳の聴覚野が十分に発達しにくくなりますが（Sharma, Dorman, & Spahr, 2002）、補聴器や人工内耳による聴覚刺激は代償的にこれらの脳の発達を助けると考えられています（Sharma, Dorman, & Kral, 2005）。補聴器装用により音へのアクセスが良好になると、必要な手がかりにすぐにアクセスできるようになるため、様々な聴覚的課題において高い聴取能を発揮できるようになります。長期的にみると、聴覚刺激を受け続けることにより、多くの聴覚経験を積んだ子どもたちは、より高い認知能力と言語能力を発達させながら、聴く、話す、学ぶ能力を高めていきます（Pisoni, 2000; Tomblin et al., 2015）。背景雑音で聞き取りにくい場面など、音声へのアクセスが制限された環境では、聞き取れなかった単語を推測して理解するトップダウン処理能力に頼ることになります。補聴器の使用時間・経験が長いほど、様々な聴覚刺激の経験が蓄積されているため、トップダウン処理能力が高くなり、そのような環境でも話声を認識しやすいと考えられます。

（2）補聴器の導入

1）補聴器の仕組みと種類

　AVT 療育者と親にとって、補聴器を正しく理解することは必須です。補聴器はマイ

クロフォンを使って周囲から音を拾い、音響エネルギーを電気信号に変換します。最近は、電気信号をデジタル処理するデジタル補聴器が主流で、装用者のニーズに合わせて信号処理を行う小型のデジタル信号処理回路（コンピューター）が搭載されています。デジタル信号として増幅・加工処理された電気信号は、レシーバーと呼ばれるスピーカーに送られ、再度、音に変換され直して増幅音が耳に送られます。ほとんどの子どもたちは外耳道に音を送る気導補聴器を使うことができますが、生まれつき外耳道がない場合や他の身体的特徴のために気導補聴器を装用できない場合は、骨導補聴器をヘアバンドで固定したり、手術によって植え込んで増幅した音を機械的な振動に変える機器で補聴します。

2）補聴器の適応

　一般的に難聴は、その程度にかかわらず話しことばの習得に何らかの不利な影響を与えます。したがって難聴のある全ての子どもに補聴器を考慮すべきとされています（American Academy of Audiology, 2013; King, 2010）。補聴器は一般的には軽度から高度の難聴の子どもに有用で、重度の場合は人工内耳も適応になりますが、まずは補聴器で音刺激を与え、音の検知を促すことが大切です。

3）補聴器装用開始の時期

　多くの赤ちゃんは 12 ヵ月を過ぎるまでことばを発しませんが、乳児期の聴覚経験は話しことばの獲得に大変重要です（Kuhl et al, 2005）。生後 6 ヵ月の時点で 2 つの母音の違いを聞き分けることができるかどうかが、2 歳までの話しことばの発達程度の予測因子になると報告されています（Tsao, Liu, & Kuhl, 2004）。難聴児に早期に補聴を始めることが、神経系の成熟や音声検知の早期習得につながることがわかってきたため、2000 年以降、難聴の早期診断、早期補聴開始へのシフトチェンジが目覚ましい速さで起こっています。難聴の診断は生後 3 ヵ月、補聴器装用開始は 6 ヵ月とする「1 － 3 －6 ゴール」が提言されていますが、最近は「1 － 2 － 3 ゴール」への前倒しについても言及されています。聴覚刺激が制限される期間を最小限にするために、診断がついてからなるべく早く補聴器を着けるべきという考えは、AVT の核心である原則とも一致しています。聴力閾値の判定が困難、予約がとれない、合併症の治療があるなど、補聴器開始が遅れてしまう理由は多数ありますが、難聴児に関わる者は、その遅れを最小限にすべく努めるべきです。

（3）補聴器装用のプロセス

　子どもへの補聴器装用は、一時的なことではなく、言語聴覚士、両親、AVT療育者、その他の人を巻き込んで継続的に行うべきことです。補聴器装用のプロセスは難聴の診断確定から始まり、最適な補聴器を選択・プログラムし、両耳に装用させて、補聴器の増幅特性を検証し、可聴性を確保します。聴覚的発達の確証のステップでは、両親、AVT療育者、言語聴覚士らによって補聴器装用効果が評価されます。

1）難聴診断のための検査

　補聴器が必要か、またどの程度の利得が必要かを知るために、前述の聴覚機能検査は大切なはじめの一歩です。乳児期の左右耳別の聴力閾値は聴性行動反応観察（BO）に加え、聴性脳幹反応検査（ABR）または聴性定常反応検査（ASSR）の結果から推測します。

2）イヤモールド

　イヤモールドとは、補聴器（主に耳かけ形）を外耳道に隙間なく挿入するために作る、個々人の耳の形にあわせて作製した耳せんのことです。耳型の採型は、難聴が診断された時あるいは近日中にとられることがあります。耳型を早めに採型することで、適切な補聴器装用開始の遅れを避けられます。イヤモールドは音を送る単なる導管ではなく、モールドを通して音を変えることもできます。ダンパーやフィルターは特定の周波数を強化したり、減弱したりできます。チューブの直径の太さで特定の周波数の増幅量を変化させることもできます。難聴の程度と耳の状態にあった特性のイヤモールドを選択します。小さな子どもにはシリコンや軟質アクリルの材質といった柔らかな材質を選び、年齢が大きくなると好みに応じて硬質アクリルの材質を選ぶこともあります。無色透明や肌の色に合うものから、明るいネオンカラーや色が混ぜられたものなど幅広く選ぶことができます。イヤモールドには寿命があり、外耳道の成長に合わせて定期的に変える必要があります。1つのイヤモールドの使用可能期間は、年齢、モールドの材質、手入れの状態によりますが、乳幼児や低年齢の子どもは外耳道の成長が早いので、特に生後1年までは、3ヵ月ごとにイヤモールドを作り変えないといけないこともあります。成長の度合いがゆっくりになると、1年くらいはイヤモールドを良い状態で使い続けられることも多いです。硬質アクリルの材質は、シリコンなどの柔らかな材質より長持ちする傾向があります。

3）補聴器の機種選定

　難聴の診断に至ったら、家族と相談しながら、その子どもにとって最良の音を提供できる補聴器と音響処理方法を選ばなければなりません。乳児から着け始めるとしても、最長 5 年くらいはニーズに合わせた調整に応じていけるものでなければいけません。金額のこともあり、補聴器は頻繁には買い換えられません。乳幼児には耳あな形ではなく耳かけ形補聴器（behind-the-ear: BTE）が最もよく使われます。耳かけ形補聴器を選ぶ利点は、下記の 5 点があげられます。

①耐久性が高い：耳かけ形は耳あな形よりも湿気や汚れに耐えられます。修理の頻度も抑えられ、耳あな形よりも 2〜3 年長持ちします。

②外耳の成長に合わせやすい：耳かけ形補聴器と一緒に使うイヤモールドは、定期的に交換できます。耳あな形補聴器のシェルの交換は、機器そのものを修理に出すことになるため、補聴器なしで過ごす時間が増えてしまいます。このため、耳あな形は不適切です。

③適応できる聴力の幅が広い：音響特性の設定における増幅の加減ができる範囲が、耳あな形よりも耳かけ形の方が広く、もし子どもの聴力が変動した場合でも、補聴器の機種変更を行わずに対応できる可能性が高くなります。

④子どもの実耳特性への対応が容易：補聴器の調整作業は音響カプラ（2cc カプラ）を用いて測定しながら行いますが、音響カプラによる測定値は、実耳（イヤモールド装着時の鼓膜面特性）によるものとはレベル差が生じてしまいます。特に外耳の容積が小さい低年齢児においては、周波数が上がるほどその差が大きくなります。耳かけ形補聴器の場合、プローブチューブ・マイクロホンを使って、real-ear-to-coupler difference（RECD）という実耳−カプラのレベル差を周波数別に計測しておくと、その差を補正値に利用して、音響カプラでの音響特性の調整を行うことができます。

⑤補聴援助システムの利用の汎用性：耳かけ形は、耳あな形よりも、有線接続（ケーブル）、または無線接続（補聴援助システム用の専用電波、Bluetooth［ブルートゥース］などのワイヤレス電波、磁気によるヒアリングループの信号など）に汎用性が高いという特徴があります。補聴援助システムは、学校や療育の場面で、教師の口元の音を集音してワイヤレスマイクロホンで教室内の子どもの補聴器・人工内耳に送信するなど、様々な場面で活用できます。耳かけ形は、教育、社会生活の情報源として重要であるテレビ、コンピューター、タブレット、スマートフォンといった音響・通信機器との接続機能をもつ機種が多いのも特徴です。

4）補聴器の増幅特性、信号処理の選択・設定

　補聴器の選択の際には、機種選択と合わせて、増幅特性および信号処理の設定も決めなくてはいけません。補聴器の増幅特性の設定には、音声が明瞭かつ快適に聞こえ、さらに、様々な音に対して不快感なく使用できることが求められます。設定作業は、補聴器をパソコンと接続して各メーカーのプログラムソフトウェア上で行います。増幅音声が閾値よりも強い快適なレベルで聞こえるようになることを目標にして、利得を設定します。同時に、音声が明瞭に聞こえるように、良い音質となるように周波数特性を設定します。この利得・周波数に関して、最近のデジタル補聴器は、機種の性能に応じて、複数の周波数帯域別に分割して設定できるマルチチャンネル方式が主流となっています。さらに、補聴器から耳に強すぎる強大音が出力されないように、最大出力音圧レベルの設定によって出力制限を行います。

　ほとんどのデジタル補聴器は、様々な音信号処理のための回路を搭載しており、必要となる信号処理を選択して設定することができます。望ましいのは、実際に補聴器を使っている子どもから得られたデータを元にした検証を根拠に、各種の設定項目とその値を決めることです。以下に、主な補聴器の信号処理のタイプと、それに関して考慮しておくべきことを示します。

①圧縮増幅（ノンリニア増幅）

　例えば、小さい入力音に対しては利得を強めて、大きい入力音に対しては利得を弱める、またはほとんど増幅をかけないで音を出力するというように、補聴器に与えられる入力音の大小によって、増幅量（利得）が変わる処理のことです。圧縮をかけた入出力特性により、大きな音が不快なうるささにならずに、小さな音も聞こえやすくなります。もし小さな音が聞こえにくく、大きな音を不快だと感じているようなら、補聴器の圧縮率の強さを再調整するべきでしょう。ただし、圧縮のかけすぎは話しことばの強弱変化の特徴（振幅の大小の変化による手がかり）を弱めてしまいます。会話音弁別を困難にさせる可能性があるため、注意が必要です。

②ハウリングの抑制

　補聴器が耳にちゃんと収まってなかったり、掌で包んだりした時にピーピー音が鳴るハウリングとよばれる現象は、補聴器で増幅された出力音が、再度マイクロフォンに入力されてまた増幅されるというループを繰り返す中で起こります。ハウリングの抑制機能は、あらゆる年代の子どもの補聴器に使われてよい機能です。ただし、この機能により高周波数帯の利得が制限されたり、特に高度から重度の難聴において、逆位相処理や周波数シフト処理を行った場合に、ハウリング抑制で補聴器の音に歪みが起こることも

あります。適切な時期にイヤモールドを交換すれば、耳からの音漏れ自体がなくなります。必要以上にハウリング抑制機能が作動しなくてよいので、音に歪みが生じてしまうのを最小限に抑えられます。

③周波数変換

　話しことばの高周波数の音（例えば /s/ など）は、良く調整された補聴器であっても聞き取るのに十分な増幅を得られない可能性があることが示されています。（Kimlinger, McCreery, & Lewis, 2015）。そこで、高周波数の音を難聴の度合いが軽い低周波数域にシフト変換処理する機能があり、これは周波数変換とよばれます。周波数変換の方式は主に 2 つあり、高周波数帯の音を低周波数帯に狭めてシフトさせる周波数圧縮（ノンリニア周波数圧縮方式）と、高周波数帯の情報をオクターブ下の低周波域に重ねてシフトさせる周波数移調（リニア移調方式）があります。初期調整では周波数変換が設定されていない場合や、初期調整の周波数変換では可聴性が十分ではない場合もあるため、AVT 療育者は、話しことばの高周波数の音を検知できなかったり発音できなかったりする時は、周波数変換の設定について検討する必要があります。

④指向性マイクロフォン

　多くの補聴器には、2 個以上の複数のマイクロフォンが搭載されており、それぞれのマイクロフォンに音が到達する際の微小な時間差を検知して、音の到来方向を検知しています。指向性マイクロフォンの機能によって、ある特定の方向からの音に対して、より感度高く、集音できるようになります。通常は聴き手の左右と後方からの音の増幅を抑え、正面方向から音のみを増幅します。これは、正面に話し手がいて、他の方向からは雑音が聞こえてくる状況を想定したものです。しかし子どもは、いつでも話し手の方向を向いているわけではありません。指向性機能の強さの設定にもよりますが、もし親や話し手が横や後ろにいた場合には、指向性の効果はやや減弱（1-3dB）します（Ching et al., 2009）。指向性を強く設定した場合は、さらに減弱します。ところで、オーバーヒヤリングとよばれる周囲の会話音などから情報を得る（例えば、大人同士の話を小耳に挟むなど）聴覚の働きがあります。この聴覚の働きも、子どもの語彙獲得には重要な仕組みですが（Akhtar, 2005）、指向性マイクロフォンを使用していると、オーバーヒヤリングの経験が少なくなる懸念があります。このため、関心のある話し手の方に向くことができると考えられる年齢に達した子どもに、必要に応じて指向性マイクロフォンを使うのが効果的と考えられます。しかし、この考えに従うと、低年齢の子どもは指向性機能による雑音低減のメリットを受けられないことになるため、ジレンマが生じます。

⑤雑音抑制

　多くの補聴器は雑音を感知すると、その雑音に対して利得を弱める機能をもっています。通常は、指向性マイクロフォンの機能と同時に作動させます。雑音に対する増幅量を弱めると同時に話しことばの可聴性も減少させかねませんが、室内の換気扇やコンピューターのファンのように、一定時間、定常的に持続する雑音のみを抑える、低周波数帯に限って利得を弱めるなど、様々な方式で話しことばの可聴性が減少しないように工夫されています。ただし、瞬間的に生じる衝撃音や、大勢の人が話している場合や、話し手以外の第三者の音声などに対しては、抑制機能は十分に働きにくいという欠点もあります。しかし雑音抑制は、子どもたちの雑音下の聞き取りの快適さを向上できるという報告があり（Stelmachowicz et al., 2010）、話しことばの理解に大きな悪影響を及ぼすほどとは考えにくいため、設定を検討してよい機能の1つに挙げられています。

5）補聴器の増幅特性の検証（verification）

　補聴器のフィッティングにおける最大の目標は、補聴器の出力が会話音域をカバーする設定になっているかどうか、増幅特性をきちんと検証し、養育者と子どもが補聴器をうまく使えるように導いていくことです。増幅効果の検証の段階では、補聴器の音響特性が適切な状態で鼓膜に送られているか測定の上、確認します。

　補聴器は外耳道に音を伝えますが、鼓膜面での音圧は、外耳道の音響特性の影響を受けます。成人用の処方式に合わせて利得を設定してしまうと、子どもの小さな外耳道では鼓膜面に強すぎる音が送られることになってしまいます。この現象は、より小さな容積内では音圧が増すために起こります。成長に伴う外耳道の容積の変化も、補聴器の鼓膜面の音圧に影響します。したがって、実耳測定は、3歳未満では3〜6ヵ月ごとに、3歳以上では年に1回は行うことが推奨されます。またイヤモールドによっても音響特性に変化が起きるため、イヤモールドを新しくした時にも行います。補聴器フィッティングの現場では、補聴器特性測定装置で2ccカプラを用いて音響特性の確認が行われますが、カプラ内特性は、実際の補聴器装用時の鼓膜面上の特性とは値が異なり、レベル差が生じます。特に小児では外耳道容積や形状の差による影響が大きく、補聴器の音響特性をカプラ内で理想的に調整したつもりでも、意図しない増幅特性で鼓膜に音が届いてしまう可能性があります。そのため、プローブチューブ・マイクロフォンを外耳道に挿入して、実際の子どもの鼓膜面に届く音を計測して補聴器特性を設定に反映させることが重要です。プローブチューブ・マイクロフォンを用いた計測方法には2種類あり、子どもの年齢で使い分けることができます。年齢の大きな子に対しては、実耳挿入利得

（インサーションゲイン：real-ear insertion gain）の測定が可能です。耳の外側の外部マイクロフォンに接続した柔らかいシリコンチューブを、外耳道の鼓膜手前まで挿入して、鼓膜面での音圧を、裸耳（実耳裸耳利得：real-ear unaided gain）と補聴（実耳装用利得：real-ear aided gain）の 2 条件で測定します。実耳装用利得から実耳裸耳利得を引くと、そのレベル差から実耳挿入利得を算出できます。乳幼児はじっとしたまま実耳挿入利得の測定に応じるのは困難なことが多いため、プローブチューブマイクロフォンを用いて、成人の外耳道容積を模した 2cc カプラと、実際の子どもの実耳の音響特性の差である実耳 − カプラ差（real-ear-to-coupler difference: RECD）の計測のみを行っておくとよいでしょう。一度 RECD を測定しておけば、その値を補正値に用いて、カプラによる補聴器特性測定から子どもの鼓膜面の音圧レベルを推定することができます。

　補聴器の特性測定は、子どもの音の検知や語音弁別について現実的な目標と予測を立てるのに役立ちます。例えば、もし補聴器特性の結果、高周波数域（4000Hz 以上）の出力が不足していれば、補聴器の周波数変換を利用した方が高周波数子音の弁別に有利かもしれません。このように補聴器特性測定では補聴器の出力レベルを測定できますが、同時に、音場での補聴器装用閾値測定も行い、実際に裸耳と比べてどれくらい聴力閾値が改善しているか、そのレベル差（ファンクショナルゲイン：functional gain）も確認するとよいでしょう。

6）補聴器の装用効果の評価・確証（validation）

　評価・確証の段階では、補聴器装用によって、話しことばが適切に受容できているか、聴性行動や会話行動がきちんと発達しているかどうかを確認します。一般的に、子ども向けの評価・確証として 2 つのタイプの方法が推奨されています。親が回答する聞こえの行動発達に関する質問紙と、補聴器装用下での語音検査です。どちらも子どもの聞こえの発達に関する重要な情報を提供するものです。質問紙は、両親からみた子どもの日常の発達状況に関する貴重な情報を提供してくれます。小児から青年期までの年齢を網羅する多くのものが出回っており（詳細は本章「1　AVT と聴覚機能検査」参照）、これらの多くは聴覚発達の程度が年齢相応かどうかをスコアで算出します。実年齢ではなく、発達年齢・発達段階に則した見方で用いるとよいでしょう。

　語音、単語、文の弁別能の検査に関しては本章の「1　AVT と聴覚機能検査」で述べましたが、これらを補聴器装用下で行うことで、補聴器装用下のことばの聞き取りを評価できます。もし、補聴器を装用しても期待される聴取成績が得られない場合は、そもそも音声が閾値上で聞こえているかどうかを確認するために、補聴器の調整や作動状況

に問題がないか調べる必要があります。音声の認識には、言語能力と認知能力も関与するので、これらの発達に障害や遅れのある子どもは、そのような他の障害のない子どもよりも聴取成績が低く出てしまう可能性があります。時間をかけて繰り返し聴取能力を評価することで、聞こえの発達面を追跡することができます。一般的に、子どもの発達とともにことばの聴取能力は向上し続けます。

（4） 補聴器の常時装用

　AVT の原理は聴覚補償が適切に行われているか否かに密接に関係しており、発達・学習面への効果は、1 日の補聴器の装用時間に依存します。どんなに最適に調整された補聴器であっても、子どもが装用しなければことばの習得に役立てることはできません。最大限、補聴器の使用時間を伸ばすための方策と、親や AVT 療育者が使用時間を確認する方法について説明します。

1） 補聴器装用時間の確認方法

　私たちの目指す乳幼児の補聴器装用時間は、入浴や水遊びなどを除き、起きて活動している時間、常に装用することが目標ですが、子どもの補聴器の装用時間は状況によって異なると考えられます。例えば、車中や預け先などの場所では乳幼児は補聴器を装用しない傾向があり、また授乳中、雑音が大きい時、子が疲れている時や癲癇を起こしている時などに補聴器を着けさせるのは難しいとの報告があります（Moellor et al., 2009）。子どもの補聴器装用時間は状況によるため、たとえ最大限に子どもに目を配る両親であっても、1 日の平均装用時間を予測するのは困難かもしれませんが、客観的な装用時間計測ツールとして補聴器のデータロギング機能があります。データロギングは補聴器のスイッチがオンになっていた頻度・時間を教えてくれる自動機能で、現在出回っているほとんどの補聴器に内蔵されています（McCreery, 2013; Mueller, 2007）。補聴器をパソコンのプログラムソフトウェアに接続するとデータロギング機能を利用でき、前回ソフトウェアに接続した日時を起点に 1 日の平均装用時間を表示してくれます。AVT の基本原則は、「子どもの生活のあらゆる場面で、話しことばとそれを聞くことを統合させていくこと」であり、補聴器常時装用の継続を両親に指導する必要があります。

2） 補聴器装用時間と言語発達の関係

　Tomblin et al.（2015）は、補聴器の 1 日平均装用時間は、難聴の程度に関わらず言語

能力向上の予測因子であると報告しました。軽度難聴でも重度難聴の子どもと同様に、装用時間が長時間であるほど、言語発達面により良い効果があることが示されました。定型発達の子どもは、時間の経過とともに言語能力の着実な成長を示すと予想されますが、難聴児はスタートが遅れている可能性があります。このため、この差を縮めるには、終日ずっと補聴器を装用し続けることが必要です。**図 3-2** に、補聴器装用時間の長さと言語発達の関係を示します。装用時間が 1 日 10 時間以下の子どもは 2 歳から 6 歳の間、複数の言語検査による推定発達指数に変化が見られないのに対し、1 日 10 時間以上装用している子どもたちは、1 年で 1 年分以上に値する推定発達指数の上昇を見せ、同年齢の正常聴力の子どもたちとの差を効果的に縮めています。この結果は、聴覚による刺激から最大限の恩恵を受けるためには、特に早期の脳の発達に重要な時期に、一貫した補聴器常時装用が重要であることを示す強いエビデンスと考えられます。

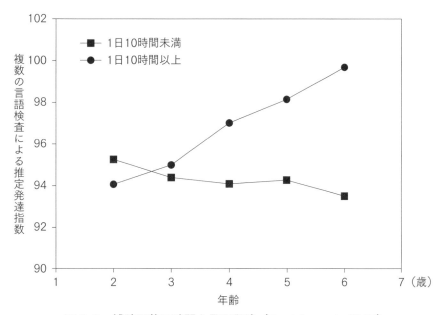

図 3-2　補聴器装用時間と言語発達（Tomblin et al., 2015）

複数の言語検査の結果から、言語面の推定発達指数を算出した。補聴器を 1 日 10 時間以上着けている子どもたちを対象とした推定発達指数（黒丸）と、1 日 10 時間未満の子どもたちの推定発達指数（黒四角）。

3）補聴器使用状況の確認、評価

　では、もし子どもが補聴器の装用に非協力的だった場合、装用時間の改善のためにどうすればよいのでしょうか？　言語聴覚士や AVT 療育者は、補聴器がうまく使用されている状況をよくみて、一方で、装用が困難となっている状況に家族が気づくよう促し

ます。そして困難な状況を排除するための積極的な手段を講じられるように、協力し合います。そうすることで、AVT の原則「日常生活を通して、話しことばを習得するための聴く環境を創り出す」を実践できます。Moeller et al.（2009）によると、特に車に乗っている時、外遊び、公共の場への外出では、安全性や紛失の懸念から補聴器装用が困難と感じる保護者が多い一方で、食事の時間、両親と一対一で遊ぶ時、特に本の読み聞かせの時など、親が子を注意深く観察できる状況では一貫して補聴器を装用させやすいようです。Walker et al.（2013）の研究では、年齢が上がるにつれて、車に乗っているなどの状況は次第に困難ではなくなっていました。AVT 療育者と協力して、様々な場面ごとに使用状況を判断するための評定尺度などを使用することによって、親は積極的に聴く環境を作るための計画を立て、補聴器装用状況を長期にわたって観察することができるようになる可能性があります。例えば、「車の中」「幼稚園」「保育園」「食事中」「一人遊び」「本の読み聞かせ」「公園」「買い物」などの場面で、それぞれの装用頻度を「一度もない」「まれに」「たまに」「ときどき」「いつも」の 5 段階から選択してもらうような評定方法です。

4）補聴器常時装用を促す方法

　親が補聴器をずっと使用するのが困難となっている状況を特定できれば、その障壁を乗り越え、補聴器の使用を生活の中に馴染ませるために実践できる方策がわかります。困難な場面の多くは、紛失など安全面への懸念に起因していることから、補聴器を固定する道具を使えばリスクを軽減できます。例えば、帽子、洋服などと固定するクリップ、かつら固定用テープ、イヤーギア（商品名）、ヘアバンドなどが効果的です。これらで工夫して固定しても、未就学児はあらゆる手で補聴器を外そうとすることもあります。自分に注目してほしい時や癇癪を起こした時に補聴器を取る子どももいます。親は、補聴器を投げ捨てたりするのを感情的にならず冷静に受けとめて、子どもが落ち着くのを待ち、数分後にまた補聴器を笑顔でつけてあげられるよう、辛抱強く慣らしていく必要もあるでしょう。データロギングも補聴器装用を促すのに役立ちます（MCcreery, 2013）。データロギングで得られた平均装用時間が親の予想と一致しないことが時々ありますが、補聴器使用が困難な状況について親と話し合う機会と捉えて、上記のような効果的方法について説明するとよいでしょう。AVT では、難聴児の聴覚言語の発達に貢献する一番の支援者は親であると考えます。自らが早期療育に積極的に携わっているとより強く実感している親の子どもは、補聴器をより多く活用できる傾向があります。自分自身で補聴機器のトラブルに対処したりメンテナンスを行う責任感をもつ親に、特

に顕著です（Desjardin, 2005）。

3 ｜ AVT と植込型補聴テクノロジー

　植込型補聴テクノロジーには、人工内耳、聴性脳幹インプラント、骨導インプラント（植込型骨導補聴器）、人工中耳インプラントなど、様々なものが含まれます。近年の植込型補聴テクノロジーの発展により、難聴の程度や種類、聴力像に関わらず、難聴児が健聴児と同等に、年齢相応の音声言語を習得する機会が生まれました。本セクションでは、難聴児に最も多く使用されている人工内耳に焦点を当て、AVT に与える影響について説明します。

（1）小児における人工内耳の適応

　人工内耳は、蝸牛神経に電気刺激を与えることによって、会話音声の周波数帯域（スピーチスペクトラム）の音刺激を広い音域で受容できるように、聞こえを回復させる補装具です。人工内耳は一般的に、高度、重度感音難聴の子どもや大人に対する標準的な治療法と考えられています。

1）適応判断のための評価

　小児を対象とした人工内耳のガイドラインは、メーカーや国・地域によって異なります。手術可能年齢、難聴の程度、補聴器装用効果などの点で適応基準が異なっています。2022 年に日本耳鼻咽喉科頭頸部外科学会が発表した本邦の適応基準では、原則 8kg 以上または 1 歳以上で、平均聴力レベル 90dB 以上、最適に調整された補聴器を 6 ヵ月以上装用の上で、補聴器装用下平均聴力レベルが 45dB 以上、もしくは装用下最高語音明瞭度が 50 ％以下であることなどが医学的条件とされています。ガイドラインは人工内耳装用を検討すべき候補となる小児を提示していますが、適応には明示されていない評価プロセスや、人工内耳装用効果に影響を与える多くの重要な要因もあります。小児の人工内耳適応を評価する際に重要なのは、まず補聴器が適切に調整されているか、装用効果がどれくらいか、きちんと確認することです。これには前述した、補聴器特性測定による補聴器調整の検証（verification）や、語音聴取能評価、聴覚的発達の質問紙評価などによる装用効果の評価・確証（validation）を着実に行うことが重要です。子どもの言語発達の 90 ％がオーバーヒヤリングによって偶発的に聞こえた情報によって獲得されるとの推定もあり（Cole & Flexer, 2007）、小さな会話音が聴取可能かどうか

も重要です。また日常生活では、ある程度の雑音がある中でことばを聞き取る状況もよくあります。そのため、語音聴取検査では、語音を 50〜60dB SPL 提示で、信号雑音比（SN 比）＋5dB 程度で雑音を提示した条件で検査すると、実際的な聴取能力の評価が可能です。また両耳装用だけでなく、片耳装用でも装用効果を評価する必要があります。両耳装用での雑音下聴取成績が、良聴耳の片耳装用時の雑音下聴取成績よりも向上していない場合は、非良聴耳が両耳聴に効果的に貢献できていないと判断されるため、人工内耳も考慮されます。

2）人工内耳適応判断に影響を与える要因

　子どもの人工内耳の適応を判断する際は、2 つの点を基本に考える必要があります。第一に、人工内耳を装用することで子どもの生活の質（QOL）が向上するかどうか。第二に、人工内耳を装用することで、子どもの聴覚と音声言語能力を最大限活用できる可能性が高いかどうか。これらの点が該当するのであれば、人工内耳が考慮されるべきです。

　人工内耳手術に踏み切るかどうかは、難聴児の聴覚、音声、言語の発達評価の経験が豊富な専門家チームが検討するべきです。人工内耳チームは、前述の標準的な検査で言語発達に十分な進歩が見られない場合、1 年かけても言語発達が 1 年分に達しない場合などは、人工内耳を検討してよいでしょう。また最適な補聴状態で、弁別検査で少なくとも 80 ％の正解率が得られなければ、実生活でかなりの困難を経験することになります。十分に適合された現在の補聴器テクノロジーを使用してもこの基準に達しない場合は、人工内耳を検討します。

3）人工内耳の適応判断を複雑にする要因

　人工内耳手術に進むかどうかの判断は、様々な要因によって複雑になります。まず、認知・神経発達面に影響を及ぼしうる他障害を併せもつ難聴児の場合、その子どもの言語能力は、難聴と同等以上に知的・認知的能力の発達的な遅れや問題によって妨げられている可能性があります。その場合は、非言語的な動作性知能（PRI：知覚推理指標）を評価し、動作性知能から予測される言語性知能（VCI：言語理解指標）よりも、言語発達レベルが低い場合は、人工内耳を検討するのがよいでしょう。また、家庭内で十分なサポートが得られない場合も、補聴器装用では十分な発達が得られないことがあります。このような状況は、データロギング機能による補聴器装用時間の記録データや、受診や療育の予約に来院しない頻度などから明らかに知ることができます。この場合、人

工内耳手術に進む前に、補聴器を常用できるよう、きちんと受診や療育を継続する習慣を身に付けられるよう、多職種連携チームで家族を支援する必要があります。

（2）人工内耳装用児の聴覚管理

1）音入れ前の準備

　人工内耳の子どもから最適な反応を得るためには、音入れの前から慎重に準備する必要があります。家族の人工内耳への期待や予想を現実的に設定することが重要です。言語聴覚士や AVT 療育者は、人工内耳の使用開始前は家族に効果を控えめに約束して、装用開始後は、その期待値を上回るように全力を尽くします。音入れをした時の子どもの反応は 3 パターンのいずれかであると、家族に心構えとして伝えておきます。もっとも望ましいパターンは、初めて音が聞こえると笑顔で声を出し、とても喜ぶ反応です。2 つ目は、聞こえているはずの刺激を出してもほとんど無関心で、あまり感情や反応を示さないパターンです。このような反応は両親にとって不安なものとなるため、音入れの前にその可能性を十分説明しておく必要があります。3 つ目は、動揺して泣いたり、不快感を訴えたり、インプラントを外したり、親に抱っこを求めたりするパターンです。この場合も、事前にその可能性を十分に伝えておけば、過度に心配することはないでしょう。子どもにとって不快でない限り、新しい刺激や異なる刺激を与えることに躊躇する必要はありません。子どもに過剰な刺激を与えないように、少しずつ刺激を増やしていきます。音入れの第一の目的は、子どもと人工内耳の間の絆を深めることです。AVT 療育者は、子どもが人工内耳をどの程度受け入れているか、プログラムする言語聴覚士にフィードバックする重要な役割を担います。

2）音入れ

　補聴器同様、人工内耳も常時装用が大切です。家族が常時装用の重要性を理解し促進するために、サウンドプロセッサーの保管方法やそのための付属品、機器が適切に機能していない時に保護者に知らせるアラーム、インジケータなどの知識や物品を備えておくことが必要です。

　音入れ時の診察では、まず、インプラント植込部に腫脹などの異常がないかどうかの確認から始めます。送信コイルの磁石の強さは、コイルが頭部に密着するのに十分で、かつインプラント部位の血流を損ねてしまうほど強くないものを選びます。人工内耳術前に低音の聴力が残存していた子どもの場合、音入れ前に再度聴力検査を行い、低音域に対して電気刺激ではなく音響刺激を入れることが望ましいかどうか判断することが賢

明です。

3）刺激レベルの設定

　人工内耳装用児の聴覚を最適化するためには、刺激レベルを適切に設定することが不可欠です。刺激レベルを設定していく方法は、子どもの年齢によって大きく異なります。Tレベルは、子どもが感知できる最小限の電荷量を表します。Tレベルの設定では、弱い音の入力に対してどの程度の刺激を与えるかを決定します。電気的ノイズにずっと曝露され続けたり、小さな周囲ノイズが過剰に聞こえすぎたりすることのないようにしつつ、聞こえるべき弱い音は一貫して聴取可能にするために、メーカーの推奨するルールに従ってTレベルを設定する必要があります。人工内耳装用児の電気的閾値（Tレベルなど）を測定する技術は、行動観察による検査で閾値を測定する技術と類似しています。生後8ヵ月から24ヵ月の乳幼児のTレベルを測定するためにはしばしばVRAが用いられます。遊戯聴力検査もTレベルの測定に適した手法です。何度もマッピングのための検査を繰り返すうちにVRAの課題に興味を示さなくなることが多いため、できるだけ早い段階で条件付けの反応を獲得させる必要があります。幼児から得られるTレベルの反応は、おそらく最小反応レベル（MRL）と表現するのが最も適切です。Tレベルは電気刺激に対する真の検出閾値ではなく、子どもが反応できた最も弱い閾値上刺激レベルを表している可能性があります。このため小さな子どもでは、反応したレベルよりもTレベルを全体的に減少させる必要があります（Zwolan & Griffin, 2005）。最終的に理想的な音場検出閾値は、20〜25dB HLほどで得られます。

　最大刺激レベルは、強大音入力時に子どもが受ける電荷量から決定されます。年長児や成人では、心理的な音量感の大小の評定（ラウドネス・スケール）によって最大刺激レベルを設定することができます。提示された刺激の音量感（ラウドネス）を、ラウドネス・スケールの尺度上のどこかを指さすことで表現してもらいます。乳幼児は、ラウドネス・スケールやバランス調整をできるだけの十分な言語的表現力をもっていないため、最大刺激レベルの決定は難しさを伴う場合があります。典型的な電気的ダイナミックレンジと最大刺激レベルに関する知識、および最大刺激レベルを上げた時の子どもの行動と音に対する反応の観察に頼らざるを得ません。ライブモードで刺激レベルを上げている間、太鼓やすずなどで中程度から大きい雑音を出したり、親が話しかけたりするのも効果的でしょう。もし、刺激が子どもの音量感（ラウドネス）の上限レベルに達してしまったと思われる行動があれば、快適な刺激であることが確認できるまで、最大刺激レベルを少し下げます。その結果、問題ないようであれば、子どもの反応を観察しな

がら、再び少しずつ刺激を強くしていきます。このようなステップを、望ましい最大刺激レベルに達するまで、あるいは、刺激が大きすぎるレベルに近づいていることを示唆する行動がみられるまで続けます。特に人工内耳装用開始初期には、刺激が前述の上限レベルに達する前に不快感を示す子どももいます。このような場合、可聴性を確保したうえで、ひとまず絶対に不快感を回避できるレベルにまで最大刺激レベルを弱めて設定しておき、次回のマッピングで最大刺激レベルを上げられるか検討するとよいでしょう。

4）刺激レベル決定を補助する他覚的検査

　電気刺激に対する聴覚反応の他覚的測定は、マッピングを行う際の指針として使用することもできます。様々な他覚的評価の指標が使用されてきましたが、臨床でよく用いられるのは、電気的誘発複合活動電位（eCAP）（例：Neural Response Telemetry: NRT）です。eCAP は、ことばでの応答によるフィードバックができない子どもの刺激レベルを決定する際の補助的情報として、行動観察と合わせて使用することができます。

5）定期的なマッピング

　人工内耳の術後は、音入れ後の効果を評価し、人工内耳システムが適切に機能していることの確認がなされますが、人工内耳のプログラム／MAP が装用児の能力を最大限活かせるように設定されていることを確認するためには、定期的なプログラミング（マッピング）が必要です。この際、人工内耳装用による効果や向上に関するいかなる懸念も、家族から質問、報告しやすいように配慮します。音入れ後のマッピングの予約時には、人工内耳装用下の音場閾値の測定も試みます。また、静寂下および雑音下での語音聴取能を評価する必要があります。最後に、子どもの実生活での聞こえの発達を評価するために、標準化された質問紙による評価も推奨されます。

（3）難聴の病因と人工内耳の治療成績

　人工内耳の装用効果は、聴覚障害の根本的な病因を含む多くの要因に左右されます。原因として頻度の高い *GJB2* 遺伝子変異や前庭水管拡大症は、病変部位が内耳であるため、通常は人工内耳が効果的です。CT などの画像検査で内耳奇形がみつかることは比較的よくありますが、内耳奇形をもつ子どもたちの多くが、人工内耳によってかなりの改善効果を得られています（Papsin, 2005）。ただし、人工内耳の装用効果は、内耳奇形の程度に反比例しています。音入れを行う言語聴覚士は、全ての電極が蝸牛内にあるか

どうか、顔面神経刺激などの合併症が予想されるかどうかを判断するために、手術執刀医とコミュニケーションをとる必要があります。また、蝸牛の解剖学的異常が顕著な子どもの場合は、時間の経過とともに装用効果が変動しやすく、プログラム／MAP の微調整が必要になるため、閾値の検査やプログラミング（マッピング）を含む検診をより頻繁に受ける必要があります。蝸牛の異常があっても良好な結果が得られるのとは対照的に、蝸牛神経欠損と診断された場合、人工内耳の効果は一般的に限定的です（Wu et al., 2015）。

サイトメガロウイルス（cytomegalovirus: CMV）は、中等度から重度の先天性感音難聴の 15 ％から 20 ％の原因であると考えられています（Grosse, Ross, & Dollard, 2008）。先天性 CMV 感染症は、難聴だけでなく症候群性として他の神経発達障害なども合併することがあり、話しことばの習得や全般発達にも遅れなどの制限が生じるかもしれません。先天性 CMV 感染症による高度から重度難聴の子どもにとって、人工内耳が有用な可能性のある選択肢であることに間違いはありませんが、この疾患が発達全般に与える影響について、両親に注意深くカウンセリングをする必要があります。

ANSD に対する人工内耳の効果は、機能障害が生じた病変部位と関連します。内有毛細胞の障害や、蝸牛と蝸牛神経の間のシナプスの障害が主な要因である場合、人工内耳は大きな利益をもたらすと期待されます。病変部位が蝸牛神経や脳幹伝導路にある場合は、人工内耳の効果が制限される可能性があります。

（4）小児の人工内耳植込術に関するその他の注意点

1）両側人工内耳装用（Bilateral Cochlear Implant）

多くの研究により、両側に高度から重度難聴をもつ子どもには、両側人工内耳装用が適していることが示唆されています。すなわち、静寂下や雑音下での語音聴取、および音源定位は、片耳装用と比較して、両耳に人工内耳を使用した方が一般的に優れています（Litovsky et al., 2006）。また、両側人工内耳装用児の方が、より良い言語発達が得られることが示されています。しかし、両耳の人工内耳の恩恵を最大限に受けるためには、早期に人工内耳手術を受け、左右の手術時期の遅れを比較的短くする必要があることも研究で示唆されています（Gordon, Jiwani, & Papsin, 2013）。

2）人工内耳装用児のための雑音抑制の技術

人工内耳メーカーは、雑音下での聴取能を向上させることを目的とした技術をいくつも導入しています。雑音が優位に入ったチャンネルの刺激を減らし、音声を含むチャン

ネルの刺激を強化する自動感度調整は、全ての年齢の子どもに使用を考慮する必要があります。最新の人工内耳サウンドプロセッサーには指向性マイクロフォン技術が導入されており、最近の指向性デバイスは、装用者が静かな環境から騒がしい環境に移動すると、自動的に無指向性から指向性モードに切り替わります。しかし、指向性マイクロフォンを使用する際に起こりうる欠点として、聞くべき音が子どもの後ろから発せられた場合に聴取しにくくなる可能性が挙げられるため、専門家の間でも一致した見解はありません。

3）残存聴力活用型人工内耳（EAS）

　人工内耳手術では、低音域の聴力を温存するために、非侵襲的な電極や外科的手技を使用することがあります。手術後に低音域の聴力が温存された場合は、低音域を増幅音によって音響的に刺激して、高音域を電気的に刺激する電気音響複合刺激（electric-acoustic stimulation: EAS）プロセッサーを装用します。EAS は電気刺激のみと比較して、静寂下や雑音下での語音聴取能、音源定位、音楽の演奏や鑑賞、音質が向上することが研究で示されています（Incerti, Ching, & Cowan, 2013）。EAS は、低音域は軽度から中等度難聴で、高音域は高度から重度難聴の子どもにとって、有効な選択肢であると考えられます。

4 ｜ AVT と聴覚支援テクノロジー

　聴覚支援テクノロジーは、背景雑音が大きい環境や話し手との距離が離れている環境といった、難聴児が補聴器や人工内耳を装用しても聞き取りが困難となる場面において、聴こえを補助する技術です。本セクションでは、FM 電波／デジタル電波、テレコイル、赤外線（IR）、Bluetooth、外部入力と、大まかに 5 種類の聴覚支援テクノロジーを取り上げます。それぞれの聴覚支援テクノロジーは、家庭、学校、病院、そして公共の場で音情報にアクセスし、音を「聴く」ことを可能にします。いくつかの異なる聴覚支援テクノロジーの方式がありますが、以下のことはこれらに共通しています。

①送信マイク（リモートマイクロフォン）：聴覚支援テクノロジーのシステムにおいては、話し手がマイクを搭載した小型の送信機（送信マイク）を身に着け、マイクで話し手の音声を口元で集音して、離れた距離にある受信機に送信します。話し手の音声の SN 比を最も高めるためには、マイクは口元から 2.5〜15cm の範囲内で使用するのが最適です。

②受信機：受信機は耳に装着した補聴機器または体に装着する装置で、送信マイクから送信された信号を受信し、補聴器または人工内耳などの植込型デバイスを介して聴き手に伝えます。機種によっては、受信機が補聴器や人工内耳に内蔵されている場合もあります。

③カップリング：聴覚支援テクノロジーによる受信機と補聴器などを接続する方法のことをいいます。有線か無線かを選択でき、有線による方法は、補聴器などの外部入力端子にケーブルを接続します。無線による方法は、FM電波／デジタル電波、磁気信号、赤外線信号、Bluetoothの信号などのワイヤレステクノロジーを利用します。これら聴覚デバイスをカップリングするためには、オーディオロジストによる特別なプログラミングやフィッティングが必要な場合があります。

④共用性・互換性：この場合の共用性・互換性とは、聴覚障害用のデバイスの規格が、一般用のデバイス技術と共通する規格で使用できることを指します。聴覚支援テクノロジーには、一般者を対象とした市販のデバイスと共用性・互換性があるもの（例えばBluetoothの製品など）と、聴覚障害児・者のみに対象を限って一般向けの規格と共用できないデバイス（例えば補聴器・人工内耳専用の補聴援助システムなど）があります。共用性・互換性は、障害の有無に関わらず、皆で使用できるユニバーサルデザインの考え方に基づいています。

（1）FM電波／デジタル電波

　FM電波、およびデジタル電波に変換された音を受信機に送信するワイヤレス接続の方式です。FMテクノロジーでは、車でFM電波を受信してラジオを聞くことができるのと同様に、特定のチャンネル（すなわち、送信周波数）で送信されたアナログ信号を受信します。送信機と受信機の周波数を同期させる必要がありますが、受信のための接続は、送信機のボタンを押すだけで簡単にできます。同じチャンネルで設定されていれば、受信機を持った複数の子どもたちが、1つの送信機からの音声を聞くことができます。FMテクノロジー（169MHz）の欠点は、子どもの受信機が、意図しない別の送信機（別の教師の声など）からの信号を拾ってしまう、つまり、チャンネルが近接する場合に混信してしまう可能性があることです。一方で、デジタル電波テクノロジー（2.4GHz）では、デジタル信号を周波数ホッピング技術を使用して送信し、チャンネル間の混信の問題も解決しています。デジタル電波のシステムでは、送信機と受信機が同じネットワーク内にあれば、送信することができます。FMテクノロジーと同様に、同じネットワーク上にあれば、1台のマイク送信機で複数の子どもたちが聞くことができ

ます。

　FM 電波／デジタル電波のシステムは、様々な場面で使うことができます。主に学校で先生や仲間の声がよく聞こえるように使用されますが、他にも、車の中で家族と会話をしたり、外でスポーツをする時にコーチの声を聞いたりするために使用することもあります。送信マイクには様々な形や大きさのものがあり、無指向性（全方向の音を集音する）のものと指向性（特定の方向のみの音にフォーカスして集音する）のものがあります。

（2）テレコイル

　磁気信号に変換された音を、補聴器や人工内耳の内蔵されたテレコイル（T コイル）によって入力する方式です。磁気信号は、ケーブルの銅線を信号が伝わる際に同時に発する磁気によるもので、テレコイルはこの磁気信号を拾います。かつての旧型の電話では、テレコイル入力モードに切り替えた補聴器に受話器をあてると、磁気信号による音声を聞くことができました。現在では、首にかけるネックループ、補聴器や人工内耳に取り付けた誘導シルエットインダクター、カーペットの下や天井に設置した有線ケーブルによるヒアリングループを介して、送信することもできます。

　子どもの場合、テレコイルの初期設定では、テレコイルから入ってくる信号（T）と補聴器などの本体マイクから入ってくる信号（M）の両方をミキシングして（MT）、聞くことができるようになっています。つまり、テレコイルモードが作動中でも、偶発的な周囲の音や会話は聞こえるということです。年長の子どもの場合は、「テレコイルのみ」の設定に切り替えることで、デバイスが磁気信号のみを受信し、補聴器からの周辺の音を遮断することができます。子どもが聴取経験を積み、言語能力が向上するに従って、AVT 療育者は、両方の設定での子どもの聴取成績を評価し、指導前には、子どもが自分で、その場に応じたモードを切り替えて選択できているか確認します。

　ネックループの利点は、首にかけるタイプであるため耳の周りには追加の機器を装着する必要がないことです。ネックループは、首の周りに見えるように装着したり、シャツの下に装着したりもできます。ネックループを使えば、両耳に音声情報を送信することができます。両耳補聴器／人工内耳装用でも、バイモーダル（片側に人工内耳、対側に補聴器装用）でも対応します。ネックループ受信機は大きく、紛失する可能性が低いため、小さな子どもにも向いています。

　ヒアリングループシステムは、劇場、公共の会議場、礼拝堂などの広い場所に設置されます。補聴器や人工内耳にテレコイルの設定さえしていれば、追加の受信機やアタッ

チメントは不要です。ただし、信号を受信するためには、子どもはループからの磁気を適切な音量で受信できる範囲内にいる必要があります。入力される音量は、磁界の強度と角度に影響されます。ループのケーブルとの距離（立つ、イスに座るなど）や、子どもの頭部の角度（前を向く、ノートを書くために下を向くなど）によって変化するため、入力音の大きさが一定せず、音量が不安定になりやすいデメリットがあります。また、周囲の電気製品から発する磁気ノイズによる「ジー」や「ブー」というハム音が混入しやすいこと、特に低音域の周波数特性の劣化などの音質面の問題もあります。磁気信号はシールドすることが困難なため、1つの建物内の複数の教室で同時に使用すると、隣室や上下階の教室と混信が生じてしまいます。

（3）赤外線

　赤外線システムは、送信マイクで受けた入力信号（電気信号）を、赤外線（波長の長い光の一種で、人間の目にはみえない）に変換して室内に照射します。赤外線は送信装置（エミッターとも呼ばれる）から室内に照射され、信号は再び音に変換されて聞き手に届きます。赤外線の技術自体はテレビのリモコンに使われているものと同じもので、リモコンと同じように信号に光の一種を利用するため、受信機は送信装置の見通し線上にある必要があります。一方で、赤外線方式はFM方式と異なり、光を利用するために、壁などの障壁物で簡単に遮ることができます。送信信号が壁で仕切られた室内の範囲に収まるので、近くのシステムとは混信せず、また磁気ノイズや他の送信システムからの干渉を受けることもありません。このため、クリアな音質の信号を安定して得られるという利点があります。隣の部屋に信号が送られることはないので、1つの建物内の複数の教室でシステムを使用する際に適しています。デメリットとしては、室内の壁際で壁の方を向いて立つと、受信機の受光部がうまく信号を受信しません。また、太陽光が信号の伝達を妨害するため、屋外では使用できません。赤外線システムは、補聴器や植込型デバイスには内蔵されていないため、追加の受信機を接続することが必要です。送信装置のシステムの設置や管理メンテナンスに技量を要すること、取り扱うメーカーが少ないこともデメリットです。

（4）Bluetooth

　Bluetooth とは、近距離無線通信に使用される特定のデジタル無線用の規格（2.4GHz）で、信号情報を圧縮する送信方式をとり、一般向けの様々な機器で使用されています。難聴児に適用できる例としては、リモートマイクロフォン、ヘッドホン／ヘッドセッ

ト、外部スピーカー、電話、MP3 プレーヤーなどのメディア機器、タブレット、ゲーム機、パソコンなどが挙げられます。Bluetooth 接続の利点は、原則、1 人しかアクセスできないことです。音源と受信機器がペアリングされているため、他の音源の信号を同時に拾ってしまう混信の心配がありません。近年では、Bluetooth の受信機能を本体に搭載した機種もあり、これらの機種では中継機なしに信号を受信することができます。Bluetooth 技術は無線であるため、子どもにとっては煩わしいケーブルの配線なしで接続することができます。ただし、ペアリングできる台数に限りがあるため、1 台の送信機から複数の子どもたちに送信しなければならない状況には不向きです。送信信号に遅延が生じやすいこともデメリットです。

（5）外部入力

　外部入力（DAI：ダイレクトオーディオインプット）は、補聴器や植込型デバイスの外部入力端子に専用ケーブルを接続して、音響・通信機器からの信号を有線で入力する方法です。一般的なオーディオ用の音声出力端子（イヤホン用ミニジャック）をもつ、様々な音響・通信機器と接続することができます。外部入力のメリットは、ケーブル内の銅線が断線しない限り、故障などのトラブルの可能性がほとんどなく、安定した入力信号が得られることです。デメリットとしては、有線ケーブルがつながっているため、その機器に拘束されることです。

（6）年齢に応じたテクノロジーの選択

　聴覚支援テクノロジーを子どもに使用するかどうか、またいつどの機器を使用するかを決めるためには、子どもの年齢や発達、補聴器・人工内耳に搭載されている接続オプションの機能、その技術の利用に対する子どもの希望と必要性、音情報へのアクセスが必要となる状況、さらには保護者がどれだけそのシステムを管理できるかなど、あらゆることを考慮する必要があります。テクノロジーは、機器を購入しても置いておくだけでは意味がありません。どのような機器であれ、購入前に試してみることが推奨されます。テクノロジーの発展は、子どもの自立的成長という目標を強く後押しするものです。聴覚支援テクノロジーの選択と適用は、子どもの聴取能と言語・音情報へのアクセスを最大化するための重要なステップであり、最新のテクノロジーの適切な活用によって、子どもは豊かな聴覚体験をより享受できるようになるでしょう。

引用・参考文献

Akhtar, N.（2005）. The robustness of learning through overhearing. *Dev Sci*, *8*（2）, 199-209.

American Academy of Audiology.（2013）. *Clinical practice guidelines: Pediatric amplification*. Reston, VA.

American National Standards Institute.（1997）. *ANSI S3.5-1997, American National Standard Methods for Calculation of the Speech Intelligibility Index*. New York.

Anderson, K. L., & Smaldino, J. J.（2000）. *Children's Home Inventory of Listening Difficulties*（*CHILD*）. Tampa, FL. Educational Audiology Association.

Anderson, K., Smaldino, J., & Spangler, C.（2011）. *Listening inventory for education-revised*（*LIFE-R*）. Retrieved from http://www.successforkidswithhearingloss.com

Ching T. Y., O'Brien, A. Dillon, H. Chalupper, J. Hartley, L. Hartley, D. Raicevich, G., & Hain, J.（2009）. Directional effects on infants and young children in real life: implications for amplification. *J Speech Lang Hear Res*, *52*（5）,1241-54.

Clark, J. G.（1981）. Uses and abuses of hearing loss classification. *ASHA*, *23*（7）, 493-500. PMID: 7052898.

Cole, E. B., & Flexer, C.（2007）. *Children with hearing loss: Developing listening and talking: Birth to six*（2nd ed.）. San Diego, CA. Plural.

Coninx, F., Weichbold, V., Tsiakpini, L., Autrique, E., Bescond, G., Tamas, L. Compernol, A., Georgescu, M., Koroleva, I., Le Maner-Idrissi, G., Liang, W., Madell, J., Mikić, B., Obrycka, A., Pankowska, A., Pascu, A., Popescu, R., Radulescu, L., Rauhamäki, T., Rouev, P., Kabatova, Z., Spitzer, J., Thodi, Ch., Varzic, F., Vischer, M,. Wang, L., Zavala, J.S., & Brachmaier, J.（2009）. Validation of the LittlEARS® Auditory Questionnaire in children with normal hearing. *International Journal of Pediatric Otorhinolaryngology*, *73*（12）, 1761-1768.

Desjardin, J. L.（2005）. Maternal perceptions of self-efficacy and involvement in the auditory development of young children with prelingual deafness. *Journal of Early Intervention*, *27*（3）, 193-209.

Gordon, K. A., Jiwani, S., & Papsin, B. C.（2013）. Benefits and detriments of unilateral cochlear implant use on bilateral auditory development in children who are deaf. *Frontiers in Psychology*, *4*（719）, 1-14.

Grosse, S. D., Ross, D. S., & Dollard, S. C.（2008）. Congenital cytomegalovirus（CMV）infection as a cause of permanent bilateral hearing loss: A quantitative assessment. *Journal of Clinical Virology*, *41*（2）, 57-62.

Incerti, P. V., Ching, T. Y. C., & Cowan, R.（2013）. A systematic review of electric-acoustic stimulation: Device fitting ranges, outcomes, and clinical fitting practices. *Trends in Hearing*, *17*（1）, 3-26.

井脇貴子・城間将江・久保武・Sigfrid Soli.（2002）. HINT-Japanese（雑音下における語音聴取閾値検査）Norming study. Audiology Japan, **45**, 499-500.

Killion, Mead C., & Mueller, H. Gustav.（2010）. Twenty years later: A NEW Count-The-Dots method. *The Hearing Journal*, *63*（1）, 10,12-14,16-17.

Kimlinger, C., McCreery, R., & Lewis, D.（2015）. High-frequency audibility: The effects of audiometric configuration, stimulus type, and device. *Journal of the American Academy of Audiology*, *26*（2）, 128-137.

King, A. M.（2010）. The national protocol for paediatric amplification in Australia. *International Journal of Audiology*, *49*（Suppl. 1）, S64-S69.

Kuhl, P. K., Conboy, B. T., Padden, D., Nelson, T., & Pruitt, J.（2005）. Early speech perception and later language development: Implications for the "Critical Period." *Language Learning and Development*, *1*（3-4）, 237-264.

Ling, D.（1989）. *Foundations of spoken language for hearing-impaired children*. Washington, DC. AG Bell Association for the Deaf and Hard of Hearing.

Ling, D.（2002）. *Speech and the hearing-impaired child*（2nd ed.）. Washington, DC. AG Bell Association for the Deaf and Hard of Hearing.

Litovsky, R. Y., Johnstone, P. M., & Godar, S. P.（2006）. Benefits of bilateral cochlear implants and/or hearing aids in children. *International Journal of Audiology*, *45*（Suppl. 1）, S78-S91.

McCreery, R.（2013）. Data logging and hearing aid use: Focus on the forest, not the trees. *Hearing Journal*, *66*（12）, 18-19.

Moeller, M. P., Hoover, B., Peterson, B., & Stelmachowicz, P.（2009）. Consistency of hearing aid use in infants with early-identified hearing loss. *American Journal of Audiology*, *18*(1), 14-23.

Mueller, H. G.（2007）. Data logging: It's popular, but how can this feature be used to help patients? *Hearing Journal*, *60*(10), 19-26.

日本人工内耳研究会（2004）. 人工内耳評価のための語音聴取評価検査 CI-2004（試案）. エスコアール.

Papsin, B. C.（2005）. Cochlear implantation in children with anomalous cochleovestibular anatomy. *Laryngoscope*, *115*（Suppl. 1）, S1-S25.

Pisoni, D. B.（2000）. Cognitive factors and cochlear implants: Some thoughts on perception, learning, and memory in speech perception. *Ear and Hearing*, *21*(1), 70-78.

坂本修一・鈴木陽一・天野成昭・小澤賢司・近藤公久・曽根敏夫（1998）. 親密度と音韻バランスを考慮した単語了解度試験用リストの構築. 日本音響学会誌, **54**, 842-849.

Sharma, A., Dorman, M. F., & Spahr, A. J.（2002）. A sensitive period for the development of the central auditory system in children with cochlear implants: Implications for age of implantation. *Ear and Hearing*, *23*(6), 532-539.

Sharma, A., Dorman, M. F., & Kral, A.（2005）. The influence of a sensitive period on central auditory development in children with unilateral and bilateral cochlear implants. *Hearing Research*, *203*(1), 134-143.

Stelmachowicz, P., Lewis, D., Hoover, B., Nishi, K., McCreery, R., & Woods, W.（2010）. Effects of digital noise reduction on speech perception for children with hearing loss. *Ear and Hearing*, *31*(3), 345.

Tomblin, J. B., Harrison, M., Ambrose, S. E., Walker, E. A., & Moeller, M. P.（2015）. Language outcomes in young children with mild to severe hearing loss. *Ear and Hearing*, *36*, 76S-91S.

Tsao, F.-M., Liu, H.-M., & Kuhl, P. K.（2004）. Speech perception in infancy predicts language development in the second year of life: A longitudinal study. *Child Development*, 1067-1084.

Walker, E. A., Spratford, M., Moeller, M. P., Oleson, J., Ou, H., Roush, P., & Jacobs, S.（2013）. Predictors of hearing aid use time in children with mild-to-severe hearing loss. *Language, Speech, and Hearing Services in Schools*, *44*(1), 73-88.

Wechsler, D.（2014）. *Wechsler intelligence scale for children*（5th ed.）. Bloomington: PsychCorp.

Wu, C. M., Lee, L. A., Chen, C. K., Chan, K. C., Tsou, Y. T., & Ng, S. H.（2015）. Impact of cochlear nerve deficiency determined using 3-dimensional magnetic resonance imaging on hearing outcome in children with cochlear implants. *Otology and Neurotology*, *36*(1), 14-21.

山下公一・松平登志正（2008）. 語音聴力検査. Audiology Japan, **51**, 167-176.

Zimmerman-Phillips, S., Osberger, M. F., & Robbins, A. M.（1997）. *Infant-Toddler: Meaningful Auditory Integration Scale*（*IT-MAIS*）. Sylmar, CA. Advanced Bionics Corp.

Zwolan, T. A., & Griffin, B. L.（2005）. How we do it: Tips for programming the speech processor of an 18-month-old. *Cochlear Implants International*, *6*(4), 169-177.

第 4 章

AVT の
ストラテジーとコーチング

土井礼子

1 | はじめに

　AVT は第 1 章の「AVT 療育の原則 10 ヵ条」の中にも記載されているように、AVT 療育者が難聴児の親[1]をコーチングすることで難聴児の聴覚活用や音声言語を促進させていく療育方法です。AVT におけるコーチングとは、難聴児を直接指導することではなく、親が家庭でも難聴児と自信をもって関わることができるよう親を指導することです。

　聴覚活用や音声言語の促進という目標の達成のためには、セッションごとにきめ細かな計画を立て、聴覚活用に必要なことばがけの工夫や聴こえを促進させるテクニック、つまり AVT のストラテジーを親にコーチングし、それを親が家庭で実践していくことが重要となります。そして、コーチング自体にも様々なストラテジーがあります。本章では、親が使える AVT ストラテジーと、親が自信をもって家庭でもその AVT ストラテジーを使用できるよう AVT 療育者が指導する際に用いるコーチングの方法やそのストラテジーについて紹介していきます。

2 | AVT ストラテジーと 6 つのゴール

　AVT では、療育者がセッションごとに療育計画を立てます。療育を実施する際には、6 つのゴールがあるといわれています。AVT では、これらのゴールを達成できるように、様々な AVT ストラテジーを親にコーチングしていくことが、療育の大きな目的となります。本章では、『Auditory-Verbal Therapy: For Young Children with Hearing Loss and Their Families, and Practitioners Who Guide Them』に記された AVT の 6 つのゴールを基軸とし、日本の療育現場でも取り入れやすい AVT の様々なストラテジーを紹介していきます。

(1) ゴール 1：環境整備

　聴覚活用や音声言語を促進させるためには、まず、日常生活にあふれる「音」には何があるかを把握し、環境整備をする必要があります。補聴をして間もない言語習得前の

1）　AVT に参加する大人は必ず「親」である必要はありません。祖父母を含め、難聴児と日常生活でよく関わる大人が参加するとよいでしょう。本章では第 1 章の「AVT 療育の原則 10 ヵ条」の訳に合わせ、「親」と統一しましたが、難聴児に関わる周囲の大人という捉え方でよいです。

難聴児にとって、療育をする場は静かであることが望まれます。なぜなら、子どもは大人のようにことばを類推することや情報を補完することが難しいからです。

　まず、療育者は、親と周囲の雑音について話し合いましょう。特に家の中の雑音については具体的に伝えるとよいでしょう。例えば、テレビ、コンピューターなどの電子機器は背景雑音を増幅させるので、子どもと遊んでいる時は使用を最小限にする必要があります。また、遊ぶ時には、音の反響を防ぐために天井の高い部屋をさけたり、床に簡易的なジョイントマットなどを敷いたりすることが推奨されます。療育を行う部屋では、すでにこのような環境が整えられているかもしれません。しかし、住宅事情は個々の家庭により異なります。療育者は、無理のない範囲で親が家庭でできることを一緒に考えていきましょう。

　次に「声」についてです。音の大きさは距離があると減衰します。距離が 2 倍離れると 6dB 減衰するといわれています。つまり、難聴児に話しかける時に距離が離れれば離れるほど声も小さく聞こえるということです。耳元で叫ぶ必要はありませんが、聞く時の負担を軽減させ、聴覚活用や音声言語を促進させるためにも、AVT 療育者や親はなるべく子どもと触れ合える距離、あるいは必要に応じて補聴機器のマイクロホンの近くで話しかける必要があります。もし聴力に左右差がある場合は、良聴耳側から話しかけるよう心がけましょう。

（2）ゴール 2：聴く姿勢を身に付ける

　適切な補聴をした後、AVT 療育者は遊びや生活の中でどのように「聴く姿勢」を身に付けさせればよいかを親に伝えていきます。「聴く姿勢」を身に付けるためには、継続的に音や声を聴く経験を積み重ねる必要があります。それでは、「聴く姿勢」を身に付け、継続的に聴いてもらうためにはどうすればよいのでしょうか。ここでは、「聴く姿勢」を身に付けるための 4 つのストラテジーを紹介します。

1）豊かな表現力（表情や体の動き）

　「聴く姿勢」を身に付けるにしても、その背景にコミュニケーションがあることを忘れてはいけません。ことばのやり取りに加え、アイコンタクト、身振り、手振り、表情など音声だけではないやり取りが行われているのです。AVT 療育者は、眉を動かす、首をかしげる、音のする方向に体を傾けるなど表情や体の動きなどで、「聴く姿勢」を見せていきます。このように大人が表現豊かに子どもと接することで、子どもは音や声に興味をもち、これから何かが起こるということを期待するようになります。

AVT療育者と親はこの過程を丁寧に行い、音が聞こえたら『きこえた！』と耳を指さし、音の存在を伝え『ドーンってきこえたね』とそれがどんな音だったかを擬音語や擬態語などで言語化していきます。療育の場では、子どもに示してもらいたい反応、例えば、頷いたり、指さししたりすることを親に見本として示してもらうこともあります[2]。子どもは大人の真似をしながら、音が聞こえた時にどのような反応をすればよいのか学んでいきます。

2）聴覚的フック（Auditory Hooks）

コミュニケーションには、先に述べたアイコンタクト、身振り、手振り、表情に加え、声色など声に含まれる気持ちや情報のやり取りもあります。「聴覚的フック」では、「みて！」「わぁ」「あれ？」のように短いことばや感嘆詞を用い、様々な感情のともなう声を使って子どもの興味を引き付けます。このような声が聞こえてきたら楽しい玩具や好きなぬいぐるみが出てくるといった経験を重ねることで「聴く姿勢」を育むことができます。同様に「あのー」「えーっと」のようなフィラー[3]も次に何の話しが続くのか興味をもたせることができ、聴覚的フックとして使用することができます。

3）聴覚的サンドイッチ（Auditory Sandwich）

全ての子どもが1回でことばを聞き取り、理解できるようになるわけではありません。時には口形やジェスチャー、手話、絵、写真などの視覚的な手がかりを用いて、子どもの理解を深める場合があります。AVTではこれらの視覚的な手がかりを即座に禁止するわけではありません。「聴く姿勢」を身に付けさせるためにどのような順番で情報を提示したらよいかを親に伝えていくのです。

まず、聴覚情報つまり音声のみでの情報を2〜3回与え、その後、必要に応じて視覚情報を与えます。そして、最後に再び聴覚情報のみを与えるのです。つまり、子どもは最初と最後に聴覚のみで音声のメッセージを聴くことになります。それでは、外出前に帽子をかぶる場面を想定してみましょう。子どもに「帽子をかぶってね」と音声のみで指示をしたとします。これは聴覚情報にあたります。子どもが理解できずにいる時は、手で頭を触れるなどの視覚情報を与えながら「帽子をかぶってね」と伝えます。子どもが理解し帽子をかぶったら「帽子をかぶったね」とかぶった後でもよいので再度、聴覚

---

[2] 親に見本を示してもらうことは、本章後半に述べるコーチングストラテジーの「3 親が子どもの見本になる」にあたります。

[3] フィラーとは、次のことばや事柄を考えている時や会話の間をうめる相槌や応答に使うことばのこと。本章のゴール5：ことばを引き出す「言語的プロンプティング」も参照のこと。

情報のみで投げかけるのです。このテクニックは、聴覚 – 視覚 – 聴覚のように、聴覚情報で視覚情報をはさむので「聴覚的サンドイッチ」と呼ばれています。必要以上に聴覚のみの情報を何度も伝える必要はありません。多くとも 3 回で十分でしょう。繰り返しわからない聴覚情報のみを与えることは子どもにとっても負担となります。

　聴覚的サンドイッチは新しい語彙の導入時やターゲットとすることばを意識的に投げかける時にも使えます。例えば、「ワンワン」はすでに理解語になっており、「犬」が次の理解語の目標としている子どもの場合、「犬がいたね／ワンワンだね／犬さんいっちゃったね」と前の「犬」と後ろの「犬」ですでに理解語である「ワンワン」を挟む形にします。このようにすることで、最初に「犬」ということばを聞き、わからなかったとしても、「ワンワン」と次に聞くことで理解につながり、最後に「犬」ということばが耳に残り、「犬」＝「ワンワン」ということが定着していきます。

4）玩具や絵本などの使用

　AVT では、子どもの視線を意図的に玩具や絵本、外の景色などに向けさせてから話しかけることをします。話し手を見ずに聴くことを促すためです。日常生活においては、顔を見ずに会話をすること、対面ではなく隣や後ろから話しかけられることが多くあります。そのような場面でも対応できるような「聴く姿勢」を遊びや生活の中で身に付けさせていくのです。

　以前 AVT では聴こえを促進させ、発声を促す方法として、大人が手で口元を覆う「ハンドキュー」というものが使用されていました。しかし、子どもの視覚的な発達だけでなく手で覆う行為が音を届ける上での障壁となり、聴覚的な発達も妨げるといった理由で今は推奨されていません。実は、「ハンドキュー」は読唇をしないようにする目的だけでなく、聴くことを促す合図でもありました。今行われている AVT では、「ハンドキュー」ではなく、玩具や絵本に興味をもたせ、視線がそちらに向いている中で話しかけるといったより自然な方法を用いて「聴く姿勢」を促すことが推奨されています。

（3）ゴール 3：言語理解の強化

　音声は音節情報（ある音や音素を他と区別する特徴）と超分節的特徴（強弱、イントネーション、リズムなど）から構成されています。しかし、音節情報や超分節的特徴が音として入力されていたとしても、ただ聞こえているだけでは音声や言語の理解にはつながりません。AVT では、補聴して間もない乳児期に、明瞭かつ効果的に音声を難聴児に届けるために様々なことばがけのストラテジーや関わり方を親に伝えていきます。

そして、このような人との関わりを経て築かれた知識や語彙力により、音声での言語理解は強化されていきます。

1）ペアレンティーズ（Parentese）

　表情豊かに、普通の会話よりも高音域で話され、母音を長く強調し、子音をはっきり発音しながら、ゆっくり、抑揚豊かに乳児に向けて話されることばのことをペアレンティーズといいます。乳児に向けた特徴的な発話であることから、対乳児発話（IDS＝Infant-directed speech）と呼ばれることもあります。生後6ヵ月以降にペアレンティーズの指導を受け、意識して話しかけた親と特別に何もしなかった親の耳の聞こえる乳児の言語能力を比較したところ、生後18ヵ月の時点で言語的にも会話のやり取りにおいても約2倍の差が生まれたという報告があります（Ramirez, Lytle, & Kuhl, 2020）。ペアレンティーズは音響的な手がかりが多く、適切な補聴をした難聴児に明瞭かつ効果的に声を届けることができます。AVT療育者は、療育の中でペアレンティーズを用い、見本を示しながら親が家庭で自信をもってペアレンティーズで話しかけができるよう指導をしていきます[4]。

2）声遊び

　意味のあることばを発する前のことを前言語期と呼びます。この前言語期に乳児はたくさんの声遊びをします。誕生直後は泣き声や叫喚音だけだった乳児は、生後2～3ヵ月もすると「あー」「うー」などの母音を伸ばしたような発声や「くー」と喉の奥をならしたようなクーイングという発声を始めます。これは、呼吸のコントロールの学習といわれています。クーイングは喃語と異なり、唇や舌を使わないのが特徴です。

　生後4～6ヵ月になると「子音＋母音」が不明瞭な過渡期喃語が現れます。生後6～9ヵ月になると母語のアクセントやイントネーションに近い「子音＋母音」が明瞭な規準喃語へと移行します。この時期になると聞いた音を発すること、つまり聴覚フィードバックループ（聴こえのループと呼ばれるフィードバック機能）が確立しているので、喃語には母語に近い音が多く含まれてきます。そのため、適切な補聴をしていない場合、難聴児の喃語は規準喃語から減少するといわれています。

　規準喃語は「ばばばば」のように音を繰り返すので反復喃語ともいわれていますが、生後11ヵ月近くになると「ばぶ」「ばだ」のように異なる音を組み合わせた非重複喃

語に発達していきます。難聴児であっても、適切な補聴をした上で、前言語期に声での
やり取りや声遊びをすることで聴覚フィードバックループが形成されていきます。ま
た、大人が乳児の喃語を真似ることや反応してあげることで、母語特有の音声パターン
を学習するだけでなく、人とのやり取りも学習していきます。

3）音と物の関連付け

　生後 9 ヵ月ごろになると自分と他者、自分と物の二項関係から、人と物の両方に意
識を向けた三項関係が成立し始めます。三項関係の発生は「9 ヵ月革命」とも呼ばれ、
人の行動に興味をもち動作模倣が始まり、相手の指さしや視線の先に注意を向ける共同
注意といった現象もみられ始めます。これが、コミュニケーションの基盤となります。
この時期は、規準喃語が盛んになり、声で人を呼ぶなど、声を使ってコミュニケーショ
ンを取ることが増える時期でもあります。また、動作模倣が増えるこの時期に手を振る
身振りと同時に「バイバイ」ということばを繰り返していると、少しずつことばと身振
りが結び付いて理解につながります。難聴児も同様の発達経過をたどります。しかし、
難聴児の場合、周囲の大人は聞きやすいことばを意識して投げかけることが推奨されま
す。

　日本語には多くの擬音語や擬態語が存在し、幼児語としても広く使われています。そ
の中でも 5 母音（あ・い・う・え・お）や唇を閉じて構音される両唇音（ま行・ぱ行・
ば行）は初期に聞きやすく真似しやすい音となります。例えば、救急車のサイレンは
「ピーポーピーポー」と表現されます。これは両唇音です。それに対し消防車のサイレ
ンは「ウーウー」と母音になります。玩具で遊びながらこのような音を聴かせていると
「ピーポーピーポー」と「ウーウー」は異なるものであると認識するようになります。
そして、その音に関連する玩具の方を見たり、取ってきたりするようになります。これ
が音と物の関連付けです。救急車と消防車のように意図的に同じカテゴリーの玩具で遊
ぶのもよいでしょう。音や物の名称、カテゴリーとの関連性は早期に確立されるほど、
より多くの語彙を学習するといわれています。

4）ささやき声

　乳幼児はささやき声が好きなので、大人が耳元でささやくと喜びます。難聴児はどう
でしょうか？　難聴児であっても適切な補聴をしていれば、ささやき声を楽しむことが
できます。ささやき声は高周波の子音、例えば /h/, /s/, /t/, /k/, /f/, /p/, /sh/（英語であれ
ば /f/, /th/ も含む）などの音を音響的に際立たせます。つまり、ささやき声で話しかけ

れば難聴児に自然な形でこのような高周波の子音を強調して聴かせることができるのです。

　また、高周波の子音は、ことばから切り離し耳元でささやくことにより聞きやすくなる場合があります。「しー（静かに）」「ふーふー（冷まして）」などの高周波の子音が含まれた擬音語や擬態語なども有効に使うとよいでしょう。子音をしっかり聞くことはことばの理解を強化するためにも重要だといわれています。ところが、日本語は、開音節（母音で終わる音節）が多く、音圧が高い母音は子音をかき消してしまう傾向にあります。ささやき声を有効に使うことで子音を際立たせて聴かせることができるのです。

5）歌

　AVT療育の中では、歌をたくさん取り上げます[5]。歌は聴く力、音声理解、音声表出だけでなく、言語や記憶などの認知力も促進させるといわれています。また、子どもは歌を通じて自然に模倣することを身に付けます。例えば、2人で交互に歌う「こぶたぬきつねこ」という歌があります。これは、こぶた→こぶた、たぬき→たぬき、きつね→きつね、ねこ→ねこ、と動物の名前を交互に歌うのですが、2人で順番に歌うのを楽しむことができます。同じ譜面でブブブー→ブブブー、ポンポコポン→ポンポコポン、コンコン→コンコン、ニャーオ→ニャーオと鳴き声で歌うバージョンもあります。動物の名前か鳴き声か事前に伝えずに歌ったり、ランダムに歌ったりすることで聴く力を養うことができます。このように歌で、親子の交流や社会的つながりを育むこともできます。

　また、歌は、集中力も身に付けます。長い物語を聞くのが難しい子どもでも歌だと最後まで歌ったり、聞いたりすることができるかもしれません。「あめふりくまのこ」という歌は5番目まで歌詞があるのですが、ストーリー性のある歌です。歌いながら場面をイメージすることや歌詞を覚えることは言語学習にもなります。

　他にも「カレンダーマーチ」のように「いちがつ　いっぱい　ゆきよふれ」と語頭に同じ音のことばを繰り返す頭韻が含まれているものや「一年中の歌」のように「おめでとう　一月　つもるゆき　二月」のように歌詞のモーラ数（拍）をそろえてある歌などもあり、言語のいろいろな側面に小さいうちから触れることができるのも歌の魅力です。

5）　・「こぶたぬきつねこ」山本直純　作詞・作曲
　　　・「あめふりくまのこ」鶴見正夫　作詞　湯山昭　作曲
　　　・「カレンダーマーチ」井出隆夫　作詞　福田和禾子　作曲
　　　・「一年中の歌」岡本敏明　作詞　アメリカ民謡　曲

6）音声強調（Acoustic Highlightening）

　音声強調ではターゲットとなる音節、単語、語句、文法的な要素（助詞など）を様々な方法で強調して聴かせます。難聴児はこの音声強調を手がかりにしてことばとことばの区切りを学習し、音声言語のパターンを理解していきます。音声強調は言語の特定の特徴を明確に聞き取るのにも役立ちます。方法としては、①やや大きな声で言う、②強調するターゲットの前で間をあける、③ささやき声にする、④速度を落とす、⑤声の高さを変える、などが挙げられます。

　補聴して間もない難聴児には、この音声強調のストラテジーを使うことでターゲットとなるものが聞きやすくなり、言語理解の強化にもつながります。ただし、ターゲットとしていた音やことばが獲得されたら、先に述べた①～⑤のような強調を自然なものに戻していきます。

（4）ゴール 4：やり取りの強化

　かつて難聴児の療育では、「ことばのシャワー」を浴びせることを推奨していた時代もありました。しかし、ただことばを多く投げかければよいというものではありません。AVT ではことばがけの量だけではなく質を常に考えていきます。質とはことばがけをするタイミングを考えたり、適度な間を作ったりすることです。特に、対話の中で作る意識的な沈黙は言語学習に効果的だといわれています。やり取りをする際に、AVT 療育者や親がことばのシャワーを浴びせるべく話し続けていたら、子どもはどのタイミングで返答したり行動を起こしたりすればよいのか戸惑います。それでは、やり取りを強化する上で、何を重要視するか考えていきましょう。

1）言語表出（実際に言えることば）　＜　言語理解（聞いてわかることば）

　通常、言語理解は言語表出よりも先行します。2 歳児は、自分が実際に話せることばの約 3 倍のことばを知っているといわれています。言語理解が育っている難聴児は、複雑な文章や物語を理解できますし、細かな指示や複数の指示に従うことができます。そして、子どもが成長するにつれて、言語理解を必要とする文法の知識はより複雑になっていきます。例えば、「ママが前に立って」と「ママの前に立って」では、たった 1 つの助詞の違いでまったく意味が変わってしまいます。しかし、難聴児は言語理解よりも言語表出で言語能力を判断されてしまうことが少なくありません。そのため、療育者は親に対して、子どもが理解することばの数は表出することばの数をはるかに上回るということを、繰り返し伝える必要があります。

では、どのように言語理解を強化すればよいのでしょうか。実は、家庭の中ではたくさんの「無言のやり取り」が行われています。子どもが親にちょっと視線を送ったり軽く体に触れたりすると、親は無意識に子どもの合図に応えて、無言で何かをしてしまうのです。AVT療育者はまず、療育の中で親子間に「無言のやり取り」が存在していることに気づかせる必要があります。そのような場面では、ことばを発しながらやり取りをすることを親に伝え、指導をしていきます[6]。音声でのやり取りは、言語理解の促進につながるからです。

２）ターンテイキング（turn taking）

　ターンテイキングとは、親と子どもが順番に声を出すことや役割交代をして何かを行うことなどをさします。耳の聞こえる子どもは生まれて間もない頃から、親の声が聞こえるとじっと動かず耳を傾け、親が話すのをやめると動き始めます。これが初期のターンテイキングです。生後９ヵ月頃になると子どもの発した喃語を大人が真似すると声で返してきたり、「おつむてんてん」のような手遊びをすると動作模倣をしたりします。子どもの出す声や音を真似ることを「モニタリング」、子どもの動きをそのまま真似ることを「ミラリング」といいます。大人が適切な場面で「モニタリング」や「ミラリング」を行うと、子どもは自分の声や動きが相手に伝わり、相手に影響を与えたことに気づきます。このようなきっかけから、一層ターンテイキングが盛んに行われるようになるのです。

　難聴児であっても早期に適切な補聴をすることで、子どもは周囲の大人が自分の声を真似していることに気づきます。相手が自分の発信に気づき、返してくれた声やことばはプラスの経験となり強化されていき、聴覚フィードバックループが形成されます。また、ターンテイキングは、社会性を身に付けるための最初のステップです。集団の中で必要なルール、例えば、順番を守ることや待つことにもつながります。AVT療育者は療育の中でどのようにターンテイキングをすればよいのか実演し、親が日常生活においても子どもと様々なターンテイキングができるように指導をしていきます[7]。

３）ことばがけ

　1974年コロラド大学のR. ワイズによって開発された特異的言語発達障害児のための

---

6) 療育者が親の言動に対し直接指摘し指導を行うことは、本章後半に述べるコーチングストラテジーの「4　直接的な指導」にあたります。
7) 療育の学びを家庭につなげることは、本章後半に述べるコーチングストラテジーの「10　家庭へつなげる」にあたります。

言語・コミュニケーション・アプローチである「インリアル・アプローチ」には、言語心理学的技法（**表 4-1**）として 7 つの技法があげられています。このアプローチは様々な障害や発達段階の子どもに適用されていますが、7 つの技法は、難聴児へのことばがけとしても効果的なものが多く、先に述べた「モニタリング」や「ミラリング」もこちらの技法に含まれます。

　子どもの行動や気持ちをことばに表すことを「パラレルトーク」といいます。「パラレルトーク」はことばの意味や使い方を理解する手助けとなるだけでなく、自分の気持ちを大人が理解してくれているという安心感にもつながります。子どもの行動は全てが、コミュニケーション的なメッセージです。AVT 療育者は、その子の年齢や発達に合ったことばで、子どもが身振り、視線、発声で伝えようとしていることを言語化します。しかし、これは大人が子どもに言わせたいことではなく、あくまでも子どもが言いたいことを大人が代弁するものです。「パラレルトーク」では、大人が子どもの目線で世界を見ようとすることが重要です。例えば、生後 11 ヵ月頃から見つけたものを指さす「自発の指さし」が始まります。「パラレルトーク」のチャンスです。もし、くまのぬいぐるみを指さししていたら「くまさん、いたね！　かわいいね」とその時の気持ちを言語化してあげることができます。生後 12 ヵ月頃になると今度は自分の欲しいものをしきりに指さしする「要求の指さし」が始まります。「あっ！」と発声しながら飲み物を欲しがった時は「お茶、ちょうだいかな？」とお子さんのことばを代弁することができます。こういったことを療育で繰り返し見本として示し、親が家庭でも子どもの身振り、視線、発声などに「パラレルトーク」ができるよう指導をしていきます。

　「パラレルトーク」に対して、大人が自分の行動や気持ちをことばに表す「セルフトーク」もあります。大人が自分の行動をことばにすることで、子どもの注意を引き、どんな時にどのようにそのことばを使えばよいのか表現の仕方を示すことができます。そして、この「セルフトーク」でも、行動や気持ちをことばと結び付けることができます。行動は動きをあらわす動詞、気持ちは様子のことば（形容詞や擬態語）の強化になるでしょう。例えば、「ママはここに座ろうかな（行動・動き）」「パパのぶどうなくなっちゃった……悲しいな、食べたかったな（気持ち）」のように、あえて独り言を聞こえるように言うのもよいでしょう。

　子どもの話し始めは、まだ上手に言えないことばやうまく表現できないことが多く出てきます。その時は子どもの間違えをさりげなく正しく言い直して返す「リフレクティング」をしていきましょう。「違う」と否定したり、「こう言ってごらん」と強要したりはしません。子どもが「鉛筆いた」と言ったら、「鉛筆があったね」のように返すこと

が「リフレクティング」にあたります。ターンテイキングで聴覚フィードバックループが形成されている子どもは、正しい音やことばを聞くことで、間違えに自発的に気づき、自己修正をするようになっていきます。

　もう少し聴く力がついている子どもには「エキスパンション」を使います。「エキスパンション」では子どもの言ったことばを少し広げて返していきます。例えば、子どもが「くまさん　いた」と言ったら、「大きいくまさん　いたね」のように「大きい」ということばを1語加えて返します。「エキスパンション」では＋1語を意識していくとよいでしょう。「リフレクティング」や「エキスパンション」は既存のことばを広げる時に使います。

　子どものことばを使わずに新しいことばの見本を示す時に使うのは「モデリング」です。新しいことばのモデルを示すことで、応答の仕方や会話の方法を知らせることがねらいになります。AVTという聞き馴染みのない療育方法に身構えてしまうかもしれませんが、すでに多くの小児発達領域で使われている技法も効果的なのです。

表4-1　言語心理学的技法

ミラリング	子どもの行動をそのまま真似る
モニタリング	子どもの声やことばをそのまま真似る
セルフトーク	自分の行動や気持ちを言語化する
パラレルトーク	子どもの行動や気持ちを言語化する
リフレクティング	子どもの言い誤りを正しく言い直して聞かせる
エキスパンション	子どものことばを意味的・文法的に広げて返す
モデリング	子どもの言うべきことばや行動のモデルを示す

4）語彙学習

　子どもの理解語彙が多ければ多いほど、新しい語彙を習得する可能性は高くなります。子どもの語彙数は、言語学習と学業の予測因子にもなるので、AVTでも語彙学習を意識したやり取りが積極的に行われます。語彙学習ではやり取りの中で意図をもって繰り返し語彙に触れることが大切です。では、どのように繰り返せばよいのでしょうか。

　それでは、「うさぎ」がまだ理解語ではない子どもに対し「うさぎ（さん）」いうことばをターゲットに遊んでみましょう。まずは、玩具を出す前に「うさぎが出てくるよ〜」と投げかけます（活動前）。次にうさぎの玩具を出し、動きに合わせて「ぴょんぴ

ょんぴょん、うさぎさん止まれ」と声をかけながら、子どもの前でうさぎの玩具を止めます。玩具を子どもに渡したら、「うさぎ」ということばを繰り返し使いながら、子どもが遊ぶ時の動きに合ったことばがけをしていきます（活動中）。遊びが終わり片づけたら、「うさぎ、おうちに帰ったね！　うさぎさんバイバーイ」といった具合です（活動後）。「うさぎ」が繰り返し使われていることがわかるでしょう。

　AVT 療育者は何かが起きる前に話をし、子どもの注意を引きます。そして一緒に何かをする時には、「パラレルトーク」や「セルフトーク」を使い、動きや行動を言語化していきます。そして終わったあとにも出来事を振り返るお話をするのです。このように活動前－活動中－活動後に語彙を繰り返し扱うことを療育の中で療育者は示し、時には療育の場で親にも実践してもらいます。そして、どのように理解語彙を増やし、表出につなげていけばよいのかを指導します。親に自信をもって家庭の中で取り組んでもらうためにも、上手に取り組めた時は、何が良かったのかを親に具体的に伝えるとよいでしょう[8]。

5）レベルアップ

　現段階で子どもが比較的容易に理解できる言語レベルのことを「コンフォートゾーン（快適な空間）」といいます。親はしばしば難聴児のコンフォートゾーンでやり取りをします。AVT ではそのレベルアップ方法を親に具体的に伝えていきます[9]。例えば「ゴミを捨てて」の指示理解がわかっていれば、「ゴミを捨てたら戻ってきてね」のように「ゴミを捨てる」という 1 つの指示に「戻る」という指示を 1 つ追加します。聴覚記憶の課題では、もし子どもが 2 つの物の名前を伝言できるなら 3 つに増やしてみます。会話が 2 往復できたら次は 3 往復を目指します。動物の鳴き声で理解できたら名詞でも理解できるように、動物の鳴き声に先行させる形で名詞を聞かせるようにします。「長い」に対して「長くない」と否定形を用いて子どもが表出した際は、「短いね」と対義語の強化をしていきます。やり取りをする中で、周囲にいる大人がレベルアップをはかることで子どもの言語や語彙が促進されるのです。

---

8)　療育者自身が活動やことばがけの見本を示し、その後に親にも実践してもらうことは本章後半に述べるコーチングストラテジー「2　療育者が手本を見せてから親がやる」、適切に取り組めた時に肯定的なフィードバックをすることは「6　親の言動にコメントをする」、療育の指導を家庭につなげることは、「10　家庭へつなげる」にあたります。

9)　活動内容を具体的に示すことは、本章後半に述べるコーチングストラテジー「7　活動の目的を明らかにする」、提案することは「5　提案」、直接的に指導することは「4　直接的な指導」などレベルアップをはかる場面では、様々なストラテジーを用いることができます。

（5）ゴール5：ことばを引き出す

　AVTではことばを引き出す様々な「プロンプティング」を使います。「プロンプティング」とは、子どもがことばで返事をしたり行動にうつせるように大人が助けたり促したりすることです。どのような促しをすればよいか、促す回数はどうするかは、子どもの発達段階や以前その「プロンプティング」に対して子どもがどのように反応したかによって変わります。

1）非言語的プロンプティング

　子どものことばを引き出すために、必ず大人側もことばを使わなくてはいけないということはありません。表情や姿勢といった非言語的なプロンプティングを使うこともできます。少し身を乗り出したり、子どもが話したらいいタイミングで期待する表情で視線を送ったりすることで、「言いなさい」「あなたが言うのよ」と強制することなく、子どもは話すタイミングを学習していきます。質問をした後に少し待つことなどもそれにあたります。待つ時間は少なくとも5秒は必要です。難聴児の場合、待つ時間を長めにとることがあります。子どもの聴く力や言語発達を見極め、適切な時間待つことで、その時間はプロンプティングになります。

　他には物を使う非言語的プロンプティングもあります。マイクなどをイメージするとわかりやすいかもしれません。マイクのような象徴的なものを使わない場合は、親に見本を示してもらうとよいでしょう。箱を親の前に差し出し、タイミングを見て、さりげなく視線などで親に合図を送り、「あけて」と言ってもらいます[10]。発声のあとに箱のふたを開けると、子どもの前に箱を置いた時に開けてほしくて子ども自身が発声することがあります。この場面では、箱がプロンプティングとして使われています。

2）言語的プロンプティング

　子どものことばを引き出すために、大人側がことばを使う言語的なプロンプティングもあります。待つ時間の代わりによく使われるのが**フィラー**です。フィラーとは会話の間をうめる相槌や応答に使うことばのことです。「うーん」「えーっと」「あのー」などがフィラーにあたります。聴覚的フックとして使われることもあります。AVT療育者が箱を机に置いて、「この箱には何が入っているのかな、えーっと」と声をかけます。

10）　親に見本を示してもらうことは、本章後半に述べるコーチングストラテジー「3　親が子どもの見本になる」、活動の中でさりげなく合図をすることは、「9　親にそっと合図をする」にあたります。

この場面では、待つのではなく、あえて「えーっと」を使うことで答えることを促しています（フィラーと同時に視線を送るなどの非言語的プロンプティングを併用することもあります）。

　他にも大人が自分のことを話すことで子どものことばを引き出す**セルフステートメント**という方法があります。AVT 療育者が絵本に出てきたバケツを見て「先生の家にあるバケツは青いよ」と言うと、それがプロンプティングとなり、「ぼくのバケツは黄色いよ」と自分のことを話し始めるというようなものです。大人が自分のことを話すことで、直接質問することが減り、それによって子どもは大人と会話しようとする意欲が高まります。

　文章完成もよく使われます。乳児の遊びだと「いないいない……」で少し大人が待つと子どもが「ばあ」ということがあります。「待つ」という非言語的プロンプティングと合わせて使った初期の文章完成といえます。歌を途中まで歌って残りを歌ってもらうことや絵本のセリフなどでも誘うことができます。繰り返しのある絵本だと文章完成が誘いやすくなります。例えば「大きなかぶ」[11]に出てくる文だと、「ところがかぶは……」「それでもかぶは……」「まだまだかぶは……」いずれも「ぬけません」ということばが続きます。ことばの成長に合わせて大人は文章完成の時に提示することばを減らしていきます。わかりやすく先ほどのセリフでやってみると「まだまだ」だけを提示し子どもに「かぶはぬけません」と文章を完成させてもらうのです。

　次のステップは**質問**です。質問には、クローズドクエスチョン（回答を限定する）とオープンクエスチョン（回答の範囲を制限せず、自由に回答してもらう）があります。クローズドクエスチョンは、子どもに「これは何？」と何かの名前を聞くことや「はい／いいえ」といった1語で返答できる質問のことです。それに対し、オープンクエスチョンでは想像力や説明力が必要になります。オープンクエスチョンに答えることが難しい子どもの場合、親に助けを求めたり、こちらから見本として親に答えてもらったりすることがあります。しかし、子どもの成長に合わせ、親は過度に介入せず、子どもがどう答えるか考えている時間を見守るよう伝えていきます[12]。オープンクエスチョンを用いることも説明することへのプロンプティングとなります。

---

11)　『おおきなかぶ』A・トルストイ　再話　内田莉莎子　訳　佐藤忠良　画　福音館書店
12)　親に質問の答え方を見本として示してもらうことは、本章後半に述べるコーチングストラテジーの「3　親が子どもの見本になる」、直接的に指導することは「4　直接的な指導」にあたります。

（6）ゴール6：遊びの中で学ぶ

　AVT は遊びを主軸にストラテジーを立案していきます。遊びは、意図的でありながら、子どものやる気を起こさせるような魅力的な内容で、かつ遊び心があるとよいでしょう。AVT で行う遊びは、ガイドプレイと呼ばれ、直接的な指導と自由遊びの中間に位置する計画的な学習の1つです。ガイドプレイは子ども主導で行い、子どもはガイドプレイの中でことばやルールのある遊びを学習します。そして、遊びを通して自分で選択することや1つの型にはまらず臨機応変に対応することなども学んでいきます。

1）象徴遊び

　象徴遊びは、2歳頃に始まり、3〜4歳で盛んに行われるようになります。物を何かに見立てて遊ぶので「つもり遊び」「見立て遊び」「ごっこ遊び」と呼ばれることもあります。2歳頃になると子どもは大人の行動をよく観察しています。大人が電話をかける様子を真似して四角いものを手にして耳にあててみたり、玩具のフライパンにブロックを入れていつも親が料理しているようにままごとをしてみたりします。そんなところから象徴遊びは始まります。AVT では象徴遊びを取り入れ、大人の参加の仕方やことばがけを指導していきます。なぜなら、大人が象徴遊びに積極的に参加することで、子どもの象徴遊びのレベルも高くなり、想像力や社会性、ことばの発達を促進させるといわれているからです。

　AVT では、動物のぬいぐるみやパペットを使用した人形ごっこも行います。AVT 療育者や親が人形になりきって話しかけることで、普段とは異なるやり取りに発展させることができます。声色や年齢設定を変えることでことば遣いを変えることもできますし、ターンテイキングをすれば、子ども自身が声色やことば遣いを変えることを学習するかもしれません。補聴機器をつけている人形であれば、補聴機器についてのやり取りもできます。人形ごっこを通じて言語と社会的スキルを促進させられるでしょう。人形の立場になって考え、ことばを発したり気持ちを考えたりすることで心の理論の成長も促せます。

2）サボタージュ（Sabotage）

　AVT では、予想外のことを起こすことや偶然を装ってわざと何かを失敗することをサボタージュと呼びます。サプライズや予期せぬことは、記憶に残りやすく、学習心や探求心を高めます。AVT でサボタージュを使う場合、AVT 療育者は、子どもがその出

来事に気づくかどうか、子どもが予想外の事態を理解したかどうかなどを観察した上で、状況を言語化する手助けをしていきます。子ども 1 人では難しい場合、親に見本となってもらいます。親は一連の流れを通じてサボタージュの使い方を学び、家庭でも取り入れていきます[13]。サボタージュは日常生活でもごく自然に使えます。

　例えば、カードを貼ろうとした時に、わざといつも使っている糊を隠しておきます。「あれ？　糊がない。困ったね、貼れないね……」、たったこれだけでサボタージュになります。普段と違うことを経験することで、「どうすればいいかな？」「○したらどうかな？」「△の方がいいんじゃない？」などやり取りが深まり、言語が促進されます。他にも「わざと削れていない鉛筆を渡す」「お茶碗に牛乳を注ごうとする」「定位置にある玩具を別の場所に置いておく」など、生活の中でさりげなく取り入れていくことが可能です。

3）失敗や間違えを受け入れる

　AVT では答えを強く求めたり、答えられないことを責め立てたりするようなことはしません。幼児期に失敗を恐れるようになると学習への消極的な姿勢につながります。間違うことは、発見の過程や学習に必要であることを親子に理解してもらうことが重要です。仮にすでにそのような傾向が子どもにみられる場合、AVT 療育者と親は子どもに誰でも間違うこと、そして間違いによって多く学べることを伝えていきます。時に、AVT 療育者や親は、ことばや正解や方法が「わからない」ふりをします。大人も常に「知っている」とは限らないということを積極的に見せたり、「わからない」「教えて」だけではなく、「ヒントをちょうだい」「○なら知ってるんだけど」「前やったことあると思う」「なんだっけ？」など、色々な返答の仕方を見本として示したりしながら、少しずつ間違うことや知らないことへの抵抗を和らげていきます。

3 ｜ AVT ストラテジーのまとめ

　AVT の療育をする上での 6 つのゴール（1）環境整備、（2）聴く姿勢を身に付ける、（3）言語理解の強化、（4）やり取りの強化、（5）ことばを引き出す、（6）遊びの中で学ぶ、について紹介しました。各ゴールでのストラテジーは、AVT 療育者の知識、経験、専門性に基づくものであり、親子のニーズやスキルによって異なります。また、各

---

13)　親に見本を示してもらうことは、本章後半に述べるコーチングストラテジー「3　親が子どもの見本になる」、療育の指導を家庭につなげることは「10　家庭へつなげる」にあたります。

ゴールで紹介された AVT ストラテジーは学びにくる親のために AVT 療育者が療育の中で、実演をしますが、親も積極的に参加しながら学んでいくことが求められています。そして、子どもの聴こえや発話に期待する成果が得られるよう日常生活の中にそれらを組み込みながら AVT 療育者と親がチームとなり、目標の達成を目指していくのです。

4 | 親へのコーチング

　AVT では、AVT 療育者と親が協力し合い、目標達成のために一緒に療育を進めていきます。親へのコーチングは、先に述べた AVT ストラテジーを親が自信をもって家庭で使用できるように指導をすることが目的です。そして、AVT 療育者は、親が自分自身の強み（長所）を発見し、難聴児の親として自信をもてるように手助けをしていきます。

　コーチングで得られる成果としては、子どもの能力について親の認識が向上する、子どもに積極的に対応する、ストレスの軽減、親の自信の向上、療育者との連携の強化などがあげられます。AVT で行うコーチングは、難聴児に限らず家族を中心とした他の早期療育モデルで実施されているものと類似しており、主に 5 つの方法があるとされています。AVT 療育者がどのコーチングをどのくらいの頻度で実施するかは、親や子どもの特性、ニーズ、状況によって大きく異なります。

(1) 5 つのコーチング方法

1) 対話と情報共有

　コーチングでは、AVT 療育者と親がしっかり対話をすることが大切です。特にまだ親が本格的に AVT を始める前の初回のセッションでは多くの情報を共有する必要があります。AVT 療育者は、まず、子どもの日常生活、興味、得意なことなどを聞きます。次に親のストレスの原因、ニーズ、親の目標、親のスケジュールを把握した上で、AVT の療育にどれくらいの頻度で参加できるかを確認します。このような事実関係を確認することで、AVT 療育者は親の療育に対する考え方を知った上で支援することができるのです。これらの情報共有を通じて親がすでに理解していることを把握できれば、新しい情報を提供することもできます。

　親が知識を深めたい時は、関連書籍の紹介や病院や療育施設が主催する講演会への参加、同じ境遇の親と話したい希望があった場合は、親が主催する親の会などを紹介するとよいでしょう。近年は国内外問わずインターネット上に様々な情報があふれており、

親がどこからどのように情報を得たのか、誤った解釈をしていないかなども対話をすることで適切に指導していくことができます。

2）療育前の計画と目標の設定

　子どもの現在の能力を正しく把握することで適切な療育計画や目標を設定することができます。子どもの発達レベルが、同年代の耳の聞こえる子どもたちと比較してどの程度であるか標準的な検査を用いて評価を行います。親に発達がどの段階まで進んでいるかを伝えた上で、療育計画や目標を一緒に立てていきます。AVT 療育者が 1 人で立案するのではなく、子どもの発達段階をふまえ、親の望む短期および長期的な聴こえと音声言語の目標を確認しながら話し合って決めることが大切です。このような話し合いを定期的に実施することで、親は目標設定や家庭での療育目標を適切なところに置くことができるようになります。

　AVT 療育者は AVT で行った遊びや活動を家庭でも強化できるよう関わり方やことばがけの仕方を具体的に提案したり、時には親自身にも考えてもらったりします。家で使用している玩具や絵本について助言が欲しい場合などは、親が持参して療育中に扱うこともあります。AVT 療育者によっては、事前に遊びや活動を親に伝えることがありますが、これは、親が各活動の目的と療育指導の一般的な流れをより良く理解した上で参加するのに役立ちます。療育計画は、あくまでも計画です。セッション中の予想外の事態には臨機応変に対応することなども親に伝えておく必要があります。臨機応変に対応する力は親が家庭で子どもと関わる上でも必要な力となります。

3）療育中の学び（コーチングストラテジー）

　AVT では、まず始めに AVT 療育者が子どもと遊びや活動をしていきます。この時点では、親は子どもを客観的に観察しメモを取っていきます。わが子を違った視点から見るのに役立ちます。子どもが何に興味をもつのか、どんな音や声に反応しているのか、どれくらい待てば声を出すのか、などできていることだけでなく、どのような指示に従えていないのか、どんな質問だと答えられないのか、などまだできていないことを把握するきっかけにもなります。AVT 療育者は遊びや活動をしながら、あるいは活動後に子どもの興味や活動の目的、ターゲットとした音やことばなど、やり取りの中で用いたAVT のストラテジーについて説明をします。

　本来、AVT は親が積極的に参加しながら進められていきます。しかし、親の中には、警戒心が強く、引っ込み思案の方もおり、積極的に参加することが難しいことがありま

す。その時は、客観的に観察する期間を長めにとり、少しずつ子どもの見本として発声することや答えてもらうことで参加してもらうのがよいでしょう。

　表4-2 は、AVT ストラテジーを親に指導する上での大切な 10 のコーチングストラテジーです（Caraway et al., 2008; Caraway, 2020）。本章前半の 6 つのゴールでは、**表4-2** に示されている療育中に実施可能なコーチングストラテジーをどのように使用しているか、具体的にいくつかご紹介してあります。

表4-2　コーチングストラテジー

NO.	コーチングストラテジー	説明
1	親が療育者に見せる	親がどのようにストラテジーや課題を理解・実践しているかを療育者に見せる機会をつくる。
2	療育者が手本を見せてから親がやる	まず療育者がストラテジーや課題を見せたり説明したりする。そのあと交代して親がやる。
3	親が子どもの見本になる	子どもが何をしたらよいかわからない時やできない時に、親に子どもが真似できるよう見本となってもらう。
4	直接的な指導	親に「〇〇をしてみてください」と具体的に指示し、指導をする。
5	提案	親に「〇〇してみてはどうでしょうか？」「〇〇したらどうなると思いますか？」と提案をする。
6	親の言動にコメントをする	親の言動が適切だった時に「〇〇したのが良かったです」と具体的かつ肯定的なコメントをする。
7	活動の目的を明らかにする	活動の目的やゴールを具体的に伝える。
8	療育者がわざと間違える	療育者がわざとストラテジーを使わずに活動を行い、親に気づかせる。
9	親にそっと合図をする	視線を送る、うなずくなどの合図をして親のするべきことを伝える。
10	家庭へつなげる	親からの情報を参考に、療育の場での学びを家庭にどうつなげるか話し合う。

4）療育後の振り返り

　療育後の振り返りは、批判するものでも否定的な評価をするものでもありません。あくまでも親子の成長を促すものであり、肯定的な振り返りを行うのがよいでしょう。「今日の活動はどうでしたか？」「どんな点がよかったですか？」といったオープンクエスチョンでは、親自身の考えや学びを知ることができます。親も自分の子どもとの関わり方を見直すきっかけとなるでしょう。他にもうまくいった点などについて具体的に話

し合うこともあります。「○の時、お子さんがとてもよく発声しましたね、どうしてだと思いますか？　―そうですね、いつもより長く待っていたのが良かったですね」「突然、外から音が聞こえてきた時に、上手に聴くことを促していましたね、他にどんなことができたと思いますか？　―そうですね、聞こえてきた音を『ピーポー』って聞こえたねとことばにしてあげてもよかったですね」など親自身が実践した AVT ストラテジーを改めて言語化し、どうしてそのような結果になったのか、さらにどんなことができたかを振り返ることができます。また、セッションで見えてきた次のステップや課題について「こんな時はどうしたらいいと思いますか？」など具体的に一緒に考えることで、家庭での実践にもつながっていくでしょう。

5）動画による指導

　動画による指導のことをビデオ・インタラクション・ガイダンスと呼びます。AVT では、親が子どもとやり取りをしている動画を見て振り返り指導をします。

　動画による指導であっても基本の流れは AVT と変わりません。必要に応じて AVT 療育者が遊びや活動を提案したり、目標設定の相談に乗ったりします。その後、AVT 療育者は 15～20 分の活動の動画を撮影し、その動画は後日、両者が一緒に視聴します。一緒に動画を視聴しながら約 45 分かけて親と AVT 療育者は観察された行動を分析していきます。一緒に動画分析をすることで、親は自分の行動やことばがけをより客観的に見ることができます。そうすることで、コーチングがより効果的になるのです。

　動画分析は、AVT に参加できなかった親（母親が参加していたのであれば、父親や祖父母など）や、セッション中にリアルタイムで直接的なフィードバックを受ける指導に抵抗がある親にとって特に有効です。

　近年は、簡易的に動画のやり取りができるようになったので、家庭での親の関わりを撮影した動画の指導なども行われています。

5 ｜ コーチングにおける AVT 療育者と親の関係

　AVT 療育者は専門家として、難聴児や親と適切な関係を築く必要があります。まず第一に、秘密厳守ができ、信頼できる関係にあることが大切です。同じ難聴児の親とはいえ、生活環境、居住地域、家族構成など各家庭で異なります。AVT 療育者は、各家庭の在り方を尊重する必要があります。家族のプライバシーを常に守り、信頼関係を深める行動をとれなくてはいけません。

第二に、AVT療育者は、子どもと親に対して尊厳と尊敬の念をもって接し、それぞれの長所を伸ばしていくよう努めます。どの親も、それなりの人生経験をもってAVT療育者のもとにやってきます。AVT療育者は、親のどのような意見も受け止め、積極的に耳を傾け、親から提供される情報に細心の注意を払います。

　第三に、AVT療育者は、親に対し常に誠実であるよう努めます。親しみやすさのようなものももち合わせていると親も話がしやすいでしょう。子どもと親に誠実に向き合うということは、良い報告や評価ばかりではなく、親にとっては、つらい報告や厳しい評価を共有しなければならないこともあります。もし、AVT療育者が、自分と親の相性が良くないと感じた場合は、他の指導者が対応したほうがよい場合があります。担当を変更する時期を見極め、相手に安心感を与えながらプロとして移行を進めるとよいでしょう。

　第四に、反映的傾聴と問題解決の手助けをします。反映的傾聴とは、相手のことばを繰り返したり、言い返したり、要約したりして、相手の共感や理解を示すことです。また、親の問題を解決するためには、指示や推奨ではなく提案をしていきます。提案は対話や質問をしながらしていくとよいでしょう。「……について考えたことはありますか？」「……は試みてみましたか？」「……の可能性はどうでしょう？」など親を導く形で質問することで、以前からある問題に対する新しい見方があることを親に示唆することができ、問題解決を手助けすることができます。

6 ｜ コーチングのまとめ

　親がAVT療育者から適切なコーチングを受けることで、難聴児の聴覚活用と音声言語を促進させることができます。しかし、まずはAVTに積極的に参加することの重要性を親に説明し、理解してもらうことが大切です。そして、親としての考え方、親子の性格、能力、生活環境、ニーズなどを考慮した上で、個々に合わせ、適切にコーチングをしていきましょう。親が自信をもってAVTストラテジーを家庭でも実践できるようコーチングするためにも、AVT療育者が、適切なコーチングスキルを身に付ける必要があります。

引用・参考文献

Caraway, T.（2020）. *Parent Coaching Strategies*. Hearing First: Foundations of LSL Intervention Series: Parent Guidance and Coaching in LSL Intervention.

Caraway, T., Smith, J., DeMoss, W., Elder, T., & Stowe, D.（2008）. *A Game Plan for Becoming a Winning*

Coach. A short course at AG Abell International Convention. Milwaukie, WI.

Estabrooks, W.（1994）. *Auditory-Verbal Therapy for Parents and Professionals.* Alexander Graham Bell Association for the Deaf and Hard of Hearing.

Estabrooks, W., Maclever-Lux, K., & Rhoades, E. A.（2016）. *Auditory-Verbal Therapy: For Young Children with Hearing Loss and Their Families, and the Practitioners Who Guide Them.* San Diego, CA. Plural Publishing.

Estabrooks, W., Morrison, H. M., & Maclever-Lux, K.（2020）. *Auditory-Verbal Therapy: Science, Research, and Practice.* San Diego, CA. Plural Publishing.

黒田生子編著　森尚彫著（2022）. 聴こえの障がいと補聴器・人工内耳入門―基礎からわかる Q&A. 学苑社.

レイン, S. ・ベル, L. ・パーソン＝ティルカ, T.　　北野庸子・井上ひとみ・シュタイガー知茶子・星野由美子・矢崎牧編訳（2019）. 難聴児の豊かな子育てガイドブック. ココ出版.

中野有明（2010）. 騒音・振動環境入門. オーム社.

Ramirez, N. F., Lytle, S. R., & Kuhl, P. K.（2020）. Parent coaching increases conversational turns and advances infant language development. *PNAS Proceedings of the National Academy of Sciences of the United States of America*, *117*(7), 3484-3491.　https://doi.org/10.1073/pnas.1921653117

竹田契一・里見恵子編（1994）. インリアル・アプローチ子どものとの豊かなコミュニケーションを築く. 日本文化科学社.

竹田契一監修　里見恵子・河内清美・石井喜代子著（2005）. 実践インリアル・アプローチ事例集―豊かなコミュニケーションのために. 日本文化科学社.

トマセロ, M.　大堀壽夫・中澤恒子・西村義樹・本多啓訳（2006）. 心とことばの起源を探る. 勁草書房.

第 5 章

AVT と発達

若林聡子

本章では、聴覚情報処理能力、発声・構音の能力、音声言語、遊び、心の理論について、健常児の平均的な発達段階を年齢ごとに示します。発達においては、読み書きも大切な要素ですが、読み書きについては第 6 章で取り扱います。AVT 療育においては、これらの発達段階をベンチマークとし、療育者と親とが難聴児の発達と進歩の状況を判断します。そして、難聴によって起こる遅れを取り戻すための努力の指標とします。

1 ｜ 聴覚情報処理能力

　言語音・非言語音を理解するためには、多くの聴覚情報処理が必要となります。聴覚情報処理能力にも様々なものがありますが、AVT 療育で重要となるのは、周波数分解能・識別能、強弱識別、定位能力、時間軸分解能、聴覚注意、背景雑音下での言語音理解、の 6 つです。AVT 療育者は聴覚情報処理能力の発達段階を十分に理解し、日々の生活の中で難聴児が聴覚情報処理能力を育めるような環境を作れるよう、親への指導とコーチングを行っています。

（1）周波数分解能と識別能

　生まれたばかりの赤ちゃんは、周波数分解能と識別能が未成熟です。低い周波数に比べ、高い周波数はさらに未熟で、その原因は、外耳道や中耳の空間など、聴覚に関わる諸器官が未成熟であることにも関わっていると考えられています。

　赤ちゃんは生後 3 ヵ月頃になると、異なるメロディーの識別ができ、使用頻度の高い単語ほどよく認識ができるようになってきます。生後 4 ヵ月頃になると、聞きなじみのある声の持ち主であるパパやママが、幼児向けの話し方（ゆっくりめで、抑揚が大きく、文構成が単純な話し方）で話しかけてくれることを好むようになります。そして生後 6 ヵ月頃になると、4000Hz の高周波数帯での聞き分けが 500Hz や 1000Hz よりもよくできるようになり、大人の聞き分けのパターンに近づきます。言語の識別能は、幼児期から学童期にかけて成熟していき、10 歳頃には大人と同等レベルに達します。周波数識別能の成長は、聴覚記憶の成長に起因するといわれています。この時期の成熟を通して、子どもたちは背景雑音下での聞き取りや、訛りのある話し方への理解などにも長けていき、識別能を発達させていきます。

（2）強弱識別

　赤ちゃんは生後 1 ヵ月から 6 ヵ月にかけて音の強弱を聞き分けることが上手になっ

ていきますが、その完成には 10 歳頃までかかるといわれています。内耳と違い、外耳や中耳の成長が小学校低学年頃まで続くのがその理由の 1 つです。AVT 療育では、子どもが話しことばの弱い音や高周波数の音を聞きやすいよう、できるだけ耳元に近いところで話すよう親に指導します。

（3）定位能力

　定位能力（音源が空間のどこにあるかを把握する力）は、生後間もなく身に付く能力の 1 つで、10 歳前後まで成長を続けます。生後 7 ヵ月頃になると、音源との距離も把握できるようになり、音を出すものに触れようとする時にどのくらい手を伸ばせばいいのか、などが正確にわかるようになってきます。生後 24 ヵ月頃になると、複数の話し手がそれぞれどの方向にいるかもわかるようになります。赤ちゃんは両親の声を最も好むので、AVT 療育では、定位能力の発達を促すために、音の出る仕掛けやおもちゃではなく、できるだけ親が自分の声で話しかけてあげるよう指導します。

（4）時間軸分解能

　音は、生成されると速いスピードで周波数と強度を変化させ、この変化によって声質やプロソディーに関わる情報を伝達します。この情報を捉える能力が時間軸分解能で、出生時～生後 3 ヵ月頃までに、成人と同様のレベルまで成長することがわかっています。時間軸分解能は、言語の理解に欠かせない能力で、AVT 療育ではこの能力を育むために童謡や乳幼児向けの話し方による語りかけを多く行うことが重要であると指導します。

（5）聴覚注意

　聴覚注意は、より高次元の能力で、成熟するのが最も遅い能力の 1 つです。聴覚注意には、注意保持力と選択的注意の 2 種類があり、注意保持力とは音がしている間意識して耳を向け続けて集中していられる能力のこと、選択的注意とは子どもが聞きたい話し声に注意を向け、もし他の音がしてもそちらは無視するといった能力を指します。AVT 療育では、赤ちゃんとのやり取りをたくさんして聴覚注意を促すよう親を指導します。

（6）背景雑音下での言語音理解

　雑音下の聞き取りは、学童期を通して発達し、くぐもった声、遠くて聞こえづらい話

し声などが徐々に聞き取れるようになっていくのが5〜12歳頃といわれています。背景雑音から話しことばを区別するのに、子どもたちは大人と比べて様々な手がかりを必要としていることが多く、例えば文脈であったり、時間軸のずれであったり、周波数の違いなど微妙な違いがよりどころとなっているようです。12歳を過ぎると、反響した声や騒音下でのことばの理解が進みます。経験の積み重ねから、様々な手がかりをうまく活用できるようになり、背景雑音の中での話しことばや訛りのある話し手のことばの理解がよりよくできるようになります。その成長は10代を通して続くといわれています。AVT療育では、早期の聞こえの訓練には静かな環境が必要であることを両親に理解させ、聴く力がついてきたら、わざと背景雑音のある環境（例えば窓を開けて外の音が聞こえるようにしたり、小さな音でBGMを流したりして）での訓練を加えていきます。

　上記の聴覚情報処理能力は、難聴児が聴く力を習得するための基礎となります。AVT療育者と親は、強化したい聴覚情報処理能力の発達段階にふさわしい遊びを通して難聴児の聴く力を伸ばします。聴覚情報処理能力の諸段階を**表5-1**にまとめます。

表5-1　聴覚情報処理能力の年齢別発達段階

新生児	・高音域における弁別能が低〜中音域より低い。 ・馴染みのない人の声よりも母親の声を好む。 ・人工音よりも子音－母音からなる音を好む。 ・音楽の音の上がり下がりや歌に気づく様子を見せる。 ・母語のアクセントのパターンを他言語と区別する。
生後3ヵ月頃	・同じ母親の声でも成人向けより乳幼児向けの話し方を好む。 ・文中の聞き慣れた単語に気づく。 ・聞き慣れたメロディーを区別する。 ・騒音下では90dB、静かな場所では50〜70dBの音で眠りから覚める。 ・50〜60dBの音に対して、首を向ける反応を示そうとする。 ・感情のこもった人の声に注意を向け始める。
生後6ヵ月頃	・40〜50dBの音に対して、音源方向に首を向ける。 ・音源探査が上手になり、左右以外に下もわかる。 ・高音域の音の認知がよくなり、成人のパターンに近づく。
生後8ヵ月頃	・音源の方向や距離をより正確に捉えるようになる。 ・音源探査は、30〜40dBの音で左右どちらかと下方が特定できる。 ・出現頻度の高い音の連なりを単語かもしれないと認知する。

生後 12ヵ月頃	・音に気づくまでの反応時間が成人レベルに短縮される。 ・音源探査は、25〜35dB の音で上下の特定もできるようになる。音源探査の能力は小学校低学年まで向上する。
生後 12ヵ月以上	・話しことばの弁別能は幼少期から小学校低学年にかけて発達・成熟し、10 歳頃に成人と同等のレベルに達する。 ・子どもは成人に比べて音を大きいと感じる傾向がある。 ・背景雑音のある中や訛りのある話し手のことばの聞き取りは、この頃から 10 代後半まで向上し続ける。

2 ｜ 発声・構音の能力

　発声・構音の能力（speech）は音声によるコミュニケーションの方法と定義されます。音声の生成には多くの神経の働きと筋肉の運動の協調が必要です。音声の生成を司る筋肉に運動指令を出すという脳の働きが途切れたり滞ったりすることを失行（apraxia）といい、音声生成のための筋肉の働きに障害がある場合を構音障害（dysarthria）といいます。この項目では、典型的には 7 歳頃までに洗練されていく発声・構音の発達段階を紹介します。

（1）年齢別発達段階

　生後 2 ヵ月間ほどは、「発声期」と呼ばれ、赤ちゃんは無意識で反射的な音や声を発します。泣く、咳をする、唸る、げっぷをする、くしゃみをする、などがこれにあたります。生後 2〜4ヵ月には、赤ちゃんは、「クーイングと笑いの時期」へと進みます。赤ちゃんは声を出しながら口を動かし、母音や子音に似た音を出すようになります。このような声出しは多くの場合、身近な大人と視線を交わし、順番に声を出し合うという、社会性と言語の習得の基礎となる行動の中で出てくるものです。さらに生後 4〜6ヵ月になると、「展開期」に入り、赤ちゃんが発声器官（のど、口腔、鼻腔）をあれこれ試してみることで様々な新しい音が作り出されます。この頃、子音－母音の組み合わせに似た連続音（「バ」や「ダ」など）も発するようになります。生後 6〜8 ヵ月では、「連続音の喃語期」が始まり、子音－母音の組み合わせを、実際のことばにみられるような音の連続性と速さをもって発するようになります。この時、赤ちゃんの喃語に応えて声をかけ返してあげると、音韻の学習が促進されます。発声・構音の初期段階の最後は、生後 10〜15 ヵ月頃の「統合・ジャルゴン期」です。赤ちゃんは多様な音、多様な強弱、多様な抑揚の、長い音節の連続を発するようになります。この頃までに赤ちゃん

は様々な音を作る、組み合わせてみるという経験を積み、特定の音の連なりに意味を結びつけ始めます。そして生後 12 ヵ月ほどで初語がみられます。初語は多くの場合、それまでに発してきた喃語によく似た音の連続となります（例えば「ママ」「マンマ」）。発声・構音の能力を身に着けるためには、自分の声と周りの人の声が聞こえていることが大切です。身近な大人との意味のあるやり取りの中で、発声・発話のための運動機能のコントロールを練習していくことで、意味のない音の発声から、ことばを真似た音の連続へ、そして意味をもった音である初めてのことばへと段階を追って進んでいくのです。**表 5-2** には、幼児の発声・構音の発達段階がまとめられています。

表 5-2　発声・構音の能力の月齢・年齢別発達段階

生後 0〜2ヵ月	・反射的な発声時期（泣く、ゲップをする、咳・くしゃみをする）
生後 2〜4ヵ月	・クーイングと笑いの時期（声を出しながら口を動かす）
生後 4〜6ヵ月	・展開期（多くの新しい音を出す、母音や抑揚や強弱を真似る）
生後 6〜8ヵ月	・連続音の喃語期（音節と認められる音の連続） ・母語に特有のプロソディーパターンを模倣する発声をし始める。
生後8ヵ月〜1歳半	・統合・ジャルゴン期（10〜15 ヵ月）（多様な音・強調パターンや抑揚を含む長い音節列を発する。徐々に、意味のない音の連なりに時々意味のある単語が混じるようになってくる。） ・15 ヵ月頃までに顎の動きが自在になり、次に上下唇のコントロールができるようになる。 ・舌の動きの自在度が増していく。外部からの刺激に呼応して吸うなどの動きから、音節を発声するのに必要な内因的な動きができるようになってくる。 ・初語をみる。
1歳半〜2歳	・無意味な羅列は減少し、ことばの発話が増える。 ・どの言語の乳幼児の喃語にも、喃語特有の音が含まれている。母語にはない母音子音も多く含まれる。
2〜3歳	母音、パ行、バ行、マ行、ヤ行、ワ行の音が発音できる。
3〜4歳	タ行、ダ行、ナ行、ガ行、カ行の音が発音できる。
4歳〜	ハ行、サ行、ザ行、ラ行の音が発音できる。サ行、ラ行は、6歳を越えても正しく構音できる児の割合は 90 % を超えない。

（2）音韻処理能力

　子どもが新しい音や単語を言おうとする時、頻繁に起こる誤りがあります。その頻度には個人差があり、年齢が上がる・たくさんおしゃべりをするようになると、自然と減っていきます。誤りが起こる原因には、発話の運動機能が未熟、音に対する注意の不

足、聞こえていない、などがあります。AVT療育者は、話す能力の標準的な発達パターンを熟知し、発話の不完全さや誤りの原因が、年齢が低いために起こる発達段階的なもの（音韻処理能力に関わるもの）なのか、運動機能障害（例えば構音障害や小児失行）に起因するものなのか、あるいは聞こえが不十分なのかを見極める必要があります。

（3）聞こえに問題があるために起こる発音の間違いについて

　子どもは聞こえているように話すようになるため、難聴児の場合は、補聴機器の調整や機種の違い、機器の不具合に起因する発音不良が起こることがあります。発声・構音の能力の標準的な発達パターンから外れるようなら、補聴機器の調整状態を確認することも大切です。どの周波数での調整不良がどのような発音の問題に現れるかを下記に記載します。

＊250〜500Hzの低音域
- 弱々しい声、息がかった声、高い声
- 鼻音化、あるいは非鼻音化
- 有声子音の脱落（b, m, n, g, d）
- 母音の取り違え
- 鼻音と破裂音との取り違え（b/m, d/n）
- 有声子音と無声子音の取り違え（p/b, k/g）

＊500〜2000Hzの中音域
- 声が弱すぎる、あるいは大きすぎる
- 抑揚コントロールがうまくできない
- 語の中の強調されない母音の脱落
- 文の中の強調されない語の脱落

＊2000〜5000Hzの高音域
- 無声子音の取り違え（p, t, k）
- 高音域の子音の発音がうまくできない（s, f, sh）

3 ｜ 音声言語

　子どもがことばを話す時、多くの概念が足場となってはじめて広さ・深さを得ることができます。子どもがいくつかの単語を正しい順序で組み合わせて発する時、その子の

ことばは、それまでに聞いてきたこと・理解してきたことに加え、短期記憶・長期記憶・ワーキングメモリーや他の社会的・認知的能力を獲得し、実現に至るのです。ことばを話すに至るには、聴覚、認知、発声・構音、社会性など、様々な発達領域での能力獲得が必要となります。

　年齢が上がるごとに、発達段階は次の節目へと進みます。この節目は、能力の習得におけるベンチマークであり、それぞれの年齢において、平均的な子どもが到達するであろうスキルが指標となります。**表5-3**に音声言語習得の発達段階の目安を示します。発達段階表に示される各段階は、順を追って習得される性質のものとなるため、AVT療育においても、療育者と親が短期・中期目標を設定して活動を選んでいくにあたって、指針となります。

　発達段階は、文化圏によって異なることもありますが、全ての文化に共通することは、話す能力と母語が最も集中して学ばれる時期は、生後3年間だということです。その次の3年間は、最初の3年間ほどの濃さではないかもしれませんが、形態素解析や構文・語彙といった言語の側面が発達する重要な時期です。そして、聞こえに問題のない子どもたちは、基本的には就学時に、言語についての知識や使用法に関して成人と同じレベルに到達し、文法的に正しく、完成されたことばを使うようになります。また、一度覚えた母語は、決して忘れられることはありません。AVT療育では、こうした段階的発達をベンチマークとして、難聴をもつ子どもたちの成長を見守っていきます。

表5-3　音声言語習得の年齢別発達段階

誕生時	
知識・理解言語 ・突然の大きな音にピクッと反応する。 ・ことばの抑揚やリズム、音の高低などを捉える。 ・母親の声を認知し、好む。 ・音が聞こえると吸啜が増える、あるいは減る。	**表出言語** ・泣く。 ・落ち着いている時にクーイング音を発する。
生後3ヵ月	
知識・理解言語 ・人の声に注意を向ける。 ・近づいてくる足音などに嬉しそうに反応する。 ・母親の声にハッとしたり、逆に落ち着いたりする。 ・音の出るおもちゃに興味を示す。近くで鳴らされる鈴に聞き入る。	**表出言語** ・空腹、不快、痛みなど、泣き方に違いが出始める。 ・楽しい時、満足した時に声で表現する。 ・母親の声に声で応える。 ・喃語が始まる。
生後6ヵ月	
知識・理解言語 ・優しい声と怒った声を聞き分け、反応する。	**表出言語** ・遊びながら声を出す。

知識・理解言語	表出言語
・親しい人の声と聞き慣れない声を聞き分ける。 ・話しかけに微笑みで応える。 ・部屋の離れた位置でも母親の声に顔を向ける。 ・耳から 50 センチほどのところで音を呈示する乳児用聴覚検査に正しい方向を向くことで応える。 ・ある種の音を口真似するなど、聞いた音から発声へのつながりができてくる。 ・自分の名前が呼ばれたり、音楽やおもちゃの音が聞こえると注意を向ける。 ・いつも世話をしてくれる人とその呼び名、例えばママ、パパ、などがわかる。 ・「だめ」の意味がわかる。	・話しかけられると声で応える。 ・ククっと笑う ・嬉しい・嫌などの感情を声に出す。 ・ある種の音の反復をするようになる。 ・特に /p/, /b/, /m/ の音を使ってことばらしく聞こえるような喃語を話す。 ・発声とともにジェスチャーをして要求を伝えようとする。

生後 9 ヵ月

知識・理解言語	表出言語
・聞き慣れた音がすると、顔や体をそちらに向ける。 ・状況を手がかりにいくつかことばを理解し始める。 ・聞いたことがある音、例えば犬の吠え声、ドアのノック音、ドアのチャイムなどがわかる。 ・電話の着信音、人の声、自分の名前、「だめ」や「バイバイ」などのよく聞くフレーズに反応する。 ・簡単な「せっせっせ」や「いないいないばー」のような遊びを楽しむ。 ・家族の名前を聞くとその人の方を向く。 ・母親が「おいで」と手を伸ばすと両腕を上げる。 ・日常でよく使う単語の意味がわかる。 ・「ちょうだい」のような単純な指示に従う。	・子音と母音が出てくる。 ・1 〜 2 音節の発声で要求を伝えようとする。 ・身近な人の注意を引くため、あるいは欲しいものを伝えるために喃語を話す。

生後 12 ヵ月（1 歳）

知識・理解言語	表出言語
・50 語ほどを理解する。 ・名前を呼ばれると振り向く。 ・雷の音に泣き出したり、叱られて嫌な顔をする。 ・音、ことば、簡単なお話などを聴くことを好む。 ・「あら〜」「だめ」「シーッ」「はい、おしまい」など、日々使われる簡単なことばに正しく反応する。 ・「〜ちょうだい」「バイバイしようね」や言われたところに行くなど、簡単な指示に応える。 ・「飲む」「行く」「来る」「あげる」などの一連の動作語を理解する。 ・弾むメロディーやことば遊びを好み、音楽に体を動かす。 ・12 個以上の物についてその名称を聞いてわかる。 ・週に 1 語ほどのペースで理解語が増え始める。 ・ことばを聞いて絵カードなどを指させる。	・1〜5 語言えることばがある。 ・話しかけられると母語のイントネーションを真似て何やらぺちゃくちゃ話す。 ・喃語を話しながらジェスチャーをつけたりする。 ・ジャルゴンといわれる、無意味な音の羅列に本当の単語が混じる発語を始める。 ・聞こえた音を自分で言ってみるという復唱が現れる。 ・初めて聞く音も真似る。 ・正確にではないがいくつかの単語を真似て言う。

生後 18 ヵ月（1 歳半）

知識・理解言語	表出言語
・150〜250 語を理解する。 ・簡単な文章を理解する。 ・「これなあに？」「パパはどこ？」のような簡単な質問を理解する。 ・自分の名前にいつでも反応する。 ・「〜の上に／中に置いて」のような前置詞を伴う文を理解し始める。	・25〜100 語ほど言える。 ・強調されたことば、あるいは最後の語を復唱する。 ・毎月言える単語が増える。 ・様々な音から始まる語を言えるようになる。 ・「ボールどこ？」「ワンワンいない」「もっと押す」のように 2 語つなげて発話するようになる。 ・慣れた人以外、発した単語の多くは聞き取れない。

・「お人形の鼻を拭いてあげて」のような、1つの動作だけを含む指示や簡単な連続指示に従えるようになる。
・実際の物、描かれた物に関わらず、ものの名前や体の部分を言われて指させるようになる。
・週に数個、新しい理解語彙が増える。

生後 24 ヵ月（2 歳）

知識・理解言語	表出言語
・200〜500 語を理解する。 ・なぜ・どうしてを知りたがる。 ・簡単なお話を聴くのを好む。 ・「〜はどこ？」のような簡単な疑問詞を理解する。 ・「ちょっと待ってね」と言われて待てる。 ・体の部分の名称を 5 つ理解する。 ・ボールを例に取ると、「投げる、下に置く、取ってくる、上げる」など 4 つの動作を指示通りできる。 ・「靴下を拾ってカゴに入れて」のような、2 つの要素をもった指示に応えられる。 ・「〜の中に」「〜の上に」「〜の下に」のような簡単な前置詞を含む指示にほぼ正確に応えられる。 ・示された絵の中から呈示された動作語に見合うものを拾える。	・100〜300 語ほどを言える。 ・2 つの数字、文字、あるいは単語を復唱できる。 ・2 語文を言えるようになる。 ・自分の声の強弱をコントロールできるようになる。 ・名前を聞かれると答える。 ・体の部分や、好きなおもちゃの名前を言える。 ・動詞や形容詞を使い始める。 ・ことばで物事を形容・説明する力が芽生える。 ・「これ何？」と問い始める。

生後 30 ヵ月（2 歳半）

知識・理解言語	表出言語
・250〜700 語を理解する。 ・絵本の読み聞かせをすぐに飽きずに聴くことができる。 ・母語に現れる音をほとんど全て弁別できる。 ・「空を飛んでいるのはどれ？」などのように形容あるいは位置情報を含むことばに反応できる。 ・歌を聴くことを好む。 ・「猫の方が犬より多い」などのような「より多い」という概念を理解する。 ・「1 つ」「たくさん」「全部」といった概念を理解する。 ・「大きい・小さい」のような大まかな大きさの違いや、「熱い・冷たい」「止まる・動く」「前の・後ろの」「上・下」「速い・遅い」「押す・ひっぱる」のような対極概念のペアを理解する。 ・髪をとかすブラシ、口に食べ物を運ぶスプーン、などのように、ものとその用途を理解する。 ・「本を持ってきて、ここに座って」のような簡単な 2 段階指示に応えることができる。 ・「〜の中に」「〜の上に」「〜の下に」「〜の前に」「〜の周りに」のような前置詞句を理解する。 ・「1 つ"だけ"積み木をちょうだい」のような指示を理解し遂行できる。 ・「トラックを押している車はどれ？」と「トラックが車を押している」のような構文の違いによる意味の違いを理解する。 ・「〜、そして・それから〜」という接続詞を理解する。 ・ほぼ全ての構文を理解する。	・150〜400 語を話す。 ・ほぼ全ての知っているものを言える。 ・2 語文・3 語文を話す。 ・ものの羅列の中から 1 番目に聞いたもの、2 番目…、3 番目…まで復唱できる。 ・自分の身の回りに起こったことなどを簡単に話せる。 ・自分の発したことばに周りが良い反応を見せると、リアクションほしさに繰り返す。 ・「おかし欲しいナイ」「僕、番」など、不完全な言い方をする。 ・表出語彙が爆発的に増え、どんどん新しいことばを使うようになる。 ・身近な人でなくても子どもの言っていることの 50 ％ほどは理解可能。

3 歳	
知識・理解言語	**表出言語**
・500〜1,500 語を理解する。 ・2 つの異なる前置詞句を含む指示に応えることができる。 ・「コップをテーブルに置いて、テレビを消して」など、2 つの独立した指示に沿うことができる。 ・お話を聴くことに熱心で、好きなお話は何度でもせがむ。 ・「着るものはどれ？」のように、描かれたものの用途を理解する。 ・「誰」「何」「どこ」のような疑問詞を含む簡単な疑問文を理解して答えられる。 ・「なぜ」という質問を理解する。 ・音韻認識が芽生えはじめる。 ・いくつかの旋律を識別する。 ・「空っぽ・いっぱい」「あげる・もらう」「重い・軽い」「長い・短い」「大声・小声」のように、知っている身近な反対語ペアが増える。 ・3 つの焦点がある指示に従うことができる。 ・かわりばんこにするということがわかる。 ・大きさ・色・形などに関するよく使われる形容詞がわかる。 ・なぜ・どうしての説明に関心をもつようになる。	・900〜1,000 語を話す。 ・短期記憶によって 5〜7 音節の文章を真似ることができる。 ・お話の中に出てくる 3 つのものを思い出して言える。 ・3 つの数字、文字、または単語を思い出して復唱できる。 ・4 つ以上の単語を用いてより長い文章を作れるようになる。 ・「欲しくない」のように否定を表す語を正しく言える。 ・場所を表す「ここ」「あそこ」などの副詞を使う。 ・「〜の中に」「〜の上に」などの前置詞句を使う。 ・「何持ってるの？」「どれが壊れちゃったの？」のような簡単な疑問文に答える。 ・「きらきらぼし」のようなよく知っている歌を歌える。 ・幼稚園やお出かけの時など、家以外で起きた出来事を話せる。 ・話すのが上手になり、文章としてほぼ抜けのない形で話せる。 ・そこにないものや想像上の事柄を話す。 ・嘘や冗談を言うようになる。 ・身近な人でなくても言っていることの 75 ％ほど理解できる。

4 歳	
知識・理解言語	**表出言語**
・4,000〜6,000 語ほどを理解する。 ・幼稚園児向けのお話をほぼ聴いて理解する。 ・電子メディアからの音を他の家族と同等の大きさで聴く。 ・「ボールを拾って、テーブルの上に置いて、こっちに本を持ってきて」など、3 つの連続動作の指示に従うことができる。 ・「〜の間に」「〜の上の方」「〜の下の方」「一番上の」「一番下の」などの位置表現を理解できる。 ・4 つの焦点をもつ 4 連続動作の指示に従うことができ始める ・「眠い時はどうするの？」「どうして壊れちゃったの？」のような質問を理解し、ことばやジェスチャーで答えられる。 ・時間を表す「いつも」「丸一日」「2 週間」などの表現を理解する。 ・「犬の」などの所有格を理解する。 ・3 までの数字を理解する。例：「3 つちょうだい」 ・反対語の理解が広がる：「似ている・似ていない」「同じ・違う」など。 ・4 つの色がわかる。 ・「もし…」「なぜなら…」「〜した時」「〜という理由で」のような副文を理解する。 ・家庭や幼稚園で話されることをほぼ全て聞き取り、理解する。	・1,500〜1,600 語を話せる。 ・短期記憶によって 9〜11 音節の文章を真似ることができる。 ・お話中に出てくる 4 つのものを思い出して言える。 ・2 つの数字を覚えて逆に言える。 ・4 つの数字、文字、または単語を思い出して復唱できる。 ・複数の出来事を含む複数の文章を使って長めの話をする。 ・童話について簡単な質問に答える。 ・「動物園にいったが、早めに帰らなくてはならなくなった」のように描写が細かく正確になる。 ・成人と同じような文法構造をもつ長い話、あたかも現実に起こったかのような想像の話をすることができる。 ・「パパは男の子、ママは…」のように相似関係の類推ができる。 ・代名詞を正確に使える。 ・「ぼくの」などの所有格を使う。 ・大人や他の子どもたちとコミュニケーションをとることができる。 ・いつ、どうやって、なぜのようなオープンエンドの質問を発する。 ・他の人を会話に巻き込むことができる。 ・身近な人でなくても言っていることの 90 ％は理解できる。

5歳	
知識・理解言語	表出言語
・3,000〜6,000 語を理解する。 ・お話を聴くのが大好き。 ・ユーモアやサプライズがわかり始める。 ・時間を表すことばの理解が進み、「長い間」「何年も」「丸一週間」などがわかる。 ・比較・最上級がわかる：もっと背が高い・一番背が高い、同じ・もっと多い・一番多い、など。 ・園で行う作業の指示を理解する。例：「紙に書いて」「食べ物を丸で囲もう」など。 ・体の部分についてその役割を知っている。 ・時間を表すことばのいくつかを知っている：今、あとで、昨日、今日。 ・「〜の反対は何？」と聞かれてわかる。 ・現実と想像の世界の区別ができる。 ・順番を表す「1番目に、次は、最後に」などの語を理解する。 ・硬貨が区別できる。 ・長く複雑な文章に正しく対応できるようになるが、特に副文を含む文章ではまだ混乱も起きる。 ・園や家庭で言われることのほとんどを理解する。	・2,500 語以上を話す。 ・短期記憶によって 14 音節の文章を真似ることができる。 ・お話中に出てくる 5 つのものを思い出して言える。 ・5 つの数字、文字、または単語を思い出して復唱できる。 ・テレビ番組やストーリーのキャラクターを真似て話す。 ・過去と現在の出来事を、関係性に齟齬のない形で話す。 ・1 つの文章に平均 6 語使う。 ・文章をきちんと最後まで言う。 ・会話を続けられる。 ・描かれたものについて簡単に類似点や相違点を指摘できる。 ・「もし壊れたらどうなる？」のような「もし−たら」疑問文に答える。 ・他の人の持ち物を使いたい時に許可を求める。 ・ものの材料や用途を言える。 ・聞き手や場所に合わせて話し方を変える。幼児には短く単純な文で、屋外では大きめの声で、など。 ・ものごとの順番を言語化する：まず、次に、3 番目に、最後に、など。 ・所有格・否定形を普通に使うようになる。 ・副文を含む複雑な文章で話す。
6歳	
知識・理解言語	表出言語
・20,000〜25,000 語ほどを理解する。 ・自分の体の右と左はわかるが、他人のはわからない。 ・数字を含む指示に適切に応じる：400 円ちょうだい、など。 ・1 年に四季があり、それぞれにいろいろなことをするということを知っている。 ・なぞなぞや慣用句を理解する。 ・他の人の言い間違いに気づくようになる。	・短期記憶によって 16 音節の文章を真似ることができる。 ・お話の中に出てくる 6 つのものを思い出して言える。 ・3 つの数字を覚えて逆に言える。 ・複雑で入り組んだ文章を言う。 ・文字と音が呼応していることに気づく。 ・自分の住所と電話番号を言える。 ・受け身構文を使う。 ・週の曜日の名前を正しい順番で、1 年の 12 ヵ月を正しい順番で言える。 ・100 まで数えられる、時間が言える。 ・冗談を言う、上手に物語れる。 ・俗語を言うようになる子もいる。 ・3,000 語以上を話す。

4 遊び

　遊びは、子どもにとって大切な学びの場であり、身の回りの空間から世界を広げていく架け橋となってくれるものです。遊びは、言語発達、運動能力、社会性、読み書き能力、数学能力、自己の確立など、子どもの発達の全領域と密接につながっています。子どもは、遊びながら、身に付けた能力を実践してみたり、能力に磨きをかけたりすることができ、夢中になっているうちに、楽しく、他者とのやり取りを学んでいきます。創

造性、問題解決、選択、折衷、ひらめき、試行、目標設定、感情のコントロールを学ぶこともできます。聴く、見る、人と関わることを含む遊びの中で、語彙、文構造、注意力、運動能力が養われます。

（1）遊びの段階的展開

　生後間もない赤ちゃんが大人の表情を真似る仕草には、すでに遊びを通して他者と関わろうとする根源的な欲求を見てとることができます。もちろん初めは反射的な行動ですが、そうした仕草を見て親が応えてあげるということが続けば、赤ちゃんは生後 6 ヵ月頃までには人間の顔に注目したり、好んで見たりするようになります。生後 6〜9 ヵ月の段階では、赤ちゃんは何かをやってみてその結果を見る、口に入れてみる、隠しては見つけるといったことを通して身の回りの世界を発見していきます。生後 12 ヵ月を迎える少し前くらいには、遊びもさらに遊びらしくなり、本を喜んで見たり、見立て遊びの芽生えを見せたりします。手順を踏んでお人形にものを食べさせてあげたり、身近な大人とかわりばんこに何かをしたりという段階は生後 18 ヵ月頃です。2 歳頃には遊びもより複雑になります。まだ他の子どもと一緒に遊ぶことはしませんが、大きなおもちゃから、人形やその付属の小物などの小さなおもちゃに移行する時期でもあります。36 ヵ月までにはロールプレイができるようになり、さらに 42 ヵ月頃には他の子どもや想像上の友達と役割分担をしてのロールプレイもするようになります。42〜48 ヵ月頃には空想のお話を展開したり、現実の人間関係を模した声の使い分けなどがみられ、54 ヵ月頃には、通常は、自分で考えた会話や話の筋に沿ったごっこ遊びを他の子どもとできるようになります。遊びの年齢別発達段階を**表 5-4** にまとめました。

表 5-4　遊びの年齢別発達段階

生後 0〜6ヵ月	・新生児でも反射的に大人の表情を真似る。例：舌を出す。 ・母親の顔をじっと見つめる。 ・3 ヵ月頃、人の顔を他のものよりも好んで見る。 ・4〜6 ヵ月頃、おもちゃに手を伸ばし、掴む。
生後 6〜9ヵ月	・原因と結果の探究をする。例：ガラガラをふると音がする。 ・ものに触る、なでる、叩く、口に入れる、などをする。 ・半分隠れたものを探す。
生後 9〜12ヵ月	・ものの永続性の理解：いないいないバァを喜ぶ。 ・遊び行動の芽生え：ものの出し入れ、ドアの開け閉めなど。 ・見立て遊び行動の芽生え（10 ヵ月頃）：絵本の中の赤ちゃんにミルクをあげる真似をするなど。

	・ものとものとを関連づける：スプーンをボウルに入れる、鍵をドアの錠穴に差すなど。 ・簡単な遊戯的動作をする：バイバイと手を振る、せっせっせをするなど。
1歳〜1歳半	・ものをその機能通りに使う：ホウキで掃くなど。 ・架空の動作をする：飲む真似をするなど。 ・脱中心化（15ヵ月頃より）：他者のふりをする。 ・見立て遊び行動の発展：人形にミルクをあげる、テディベアをネンネさせるなど。 ・大人を相手にかわりばんこに何かをする。 ・12〜15ヵ月では3つの行為を順番にするような遊びができる。
1歳半〜2歳	・見立て遊びでものを代用する：積木を車に見立てて遊ぶ、など。 ・人形や他の人に対する見立て遊びが一連の行為を伴うようになる：コップに水を入れ、人形に飲ませ、口元を拭いてあげる、など。 ・遊びの中の行為が幅をもつ：人形に対していくつものことをしてあげてから次に進む、など。 ・大きなおもちゃから、実際の世界をミニサイズで表すような玩具へ移行する：バスに人を乗せたり降ろしたりする、など。 ・他の子どもがいても、一緒にではなくそれぞれで遊ぶ。
2歳〜2歳半	・自分以外の者として行為する：人形やテディベアになって話したり身振りをさせたりするなど。 ・日常的に馴染んでいる一連の行為を真似る：お買い物ごっこなど。 ・お気に入りの話を何度でもせがむ。
2歳半〜3歳	・あまり馴染みのない行為をロールプレイする：病院に行く、など。 ・空想の世界の様子や出来事を言語化する：「隅っこにいるお化けが全部食べちゃった！」など。 ・おもちゃのキャラクターになりきる：擬人化・性格付が進む。 ・論理的な流れをもつ遊びをする。
3歳〜3歳半	・自分では体験したことのない状況をロールプレイする：消防士になる、など。 ・他の子どもたちと一緒の遊びをするようになる。 ・役の割り振りを決める：「あなたは〜の役、私は〜〜ね」など。 ・空想の友達を持つことがある。場合によっては7歳頃まで。
3歳半〜4歳	・空想世界をロールプレイする：騎士や海賊、お伽噺の登場人物になる、など。 ・空想ごっこをするための衣装を工夫する。 ・年齢や男女、性格などを声音を使い分けて表現する。 ・他の子どもたちと話し合って計画を立てる。
4歳〜4歳半	・おもちゃを使ってミニチュア世界を作り、様々な状況やストーリーを展開する。 ・構築したミニチュア世界を他の子どもたちと共有する。 ・他の子どもたちと自然にかわりばんこしたり分け合ったりする。 ・意見の相違があった時、話し合いで解決しようとする。
4歳半〜5歳	・感情を表す言語表現や状況づくりが増える。 ・「事実」と「物語」を混同しない。 ・文字や数字の理解を必要とする複雑なボードゲームで遊ぶ。

（2）遊びと聴覚障害児

　20 世紀末から、難聴児における遊びの効果についての研究が進められてきました。これらの研究によれば、前述したような遊びの各段階において、難聴児は聞こえる子どもに比べて数ヵ月の遅れがみられることが多いという結果が示されています（Higgingbotham & Baker, 1981）。聞こえる子どもが、役割を演じる遊びや他の子と協力して成り立つ遊びに興じる頃、難聴児は 1 人で何かを作るといった活動をまだ好んでいることがあります。

　他者を交えて遊べるようになるレベルに影響を与えるのは、聴覚障害の程度や補聴開始時期そのものではなく、聴覚障害に起因する言語発達の遅れや、生活年齢であるという研究もあります（大原・廣田・鈴木, 2011）。難聴児は、一緒に遊んでいる子どもたちのやり取りを十分に聞き取れずに、理解・共有されるべき「決まり事」にアクセスできず、ある玩具に想像によって付与された意味を理解できていないのかもしれません。聞こえが不十分なことによる他者との関わりの難しさから、難聴児は役割を分担し合って遊ぶ場面から距離を置き、発達に必要な経験を十分に得られていないのかもしれません。

（3）遊びの発達を促す方策

　子どもの言語発達と遊び方レベルにズレがあるとどうやって遊んであげたらいいのかわからないという親は少なくありません。例えば、単語しか話せない子に対しては、ものの名前を言ってあげるだけといった対応をしがちです。しかし、ことばがけを単純な形にすることで認知を促そうとする試みは、子どもが 2 歳頃になるとうまくいかなくなります。平均的な 2 歳児は見立て遊びの世界に入っていますので、親としても、その子の認知力のレベルに合った、あるいはその少し上をいくような、思考と遊びを促す手立てを知る必要があります。AVT 療育では、子どもが遊びに乗ってきた時に、その子にちょうど良いレベルを捉えたと理解します。

　AVT 療育では、子どもの遊びの発達が例え遅れていても、その伸び代の部分を見つけて「介入」するよう親を指導します。短期目標を念頭にどの遊びをするか考え、目標達成を目指しながらも、子ども自身が達成感を感じてやる気と集中を持続させられるようにします。

　遊びには、親の積極的な関与が大事です。かわりばんこにする、お手本を見せる、ことばで提案する、状況を説明する、あるいはやり方を教えるといった積極的かつ意図的

な行動をしつつ関わる親は、見ているだけの親よりもずっと、子の遊びの発達に貢献するといわれています（Leong & Bodrova, 2012）。

AVT療育では、ある状況設定（例：買い物に行く、図書館に行く、旅行に行く）での遊びのやり方を子が親のお手本を見て学ぶことが多いです。子どもは、遊びに慣れ、上達すると、独自の状況やシーンを設定するなどして、聴く力・言語力・学びにおいて高次のレベルへと進んでいくことができるのです。

5 ｜ 心の理論

心の理論（Theory of Mind: ToM）は1978年にPremackとWoodruff両名が名付けた概念で、「自他共に確信、意図、欲求、仮定、知識などの心の様相をもっていること、かつ他者のもつ確信、欲求、意図は自分のそれとは異なることを理解できること」と定義されます。心の理論をもつことで私たちは他者の考えや気持ちに気づき、読み解くことができます。心の理論をもつには言語が欠かせません。子どもは、言語力が高まるに従ってだんだんと長い会話をすることができるようになると、他者の心の様相への理解が深まり、「想像する」「夢みる」「願う」「〜と仮定する」といった心の様相を表す語彙を広く身に付けるとともに他者の考えや感情への理解を深めていきます。

（1）心の理論の発達における年齢と段階

心の理論の発達は乳幼児期に始まります。生後4ヵ月の赤ちゃんは微笑むことで周りの大人の関心を引くだけでなく、様々な表情を作って自分の欲求や感情を伝えることができます。生後6〜9ヵ月で共同注視が、1歳頃までに指さしができるようになります。自我が芽生えてきて、身近な他者に気持ちというものがあることがわかってくる生後12〜18ヵ月頃には、不満や不安といった感情を表すようになります。2歳を迎える頃には自意識の絡む感情を表すようになり、「〜したい」ということばで自分の欲求を示すようになるのは18〜24ヵ月頃です。24〜30ヵ月では感情や好き嫌いなどの心持ちを表す単語が出始め、3歳になる頃にはそういった語彙を広く理解し自分でも使うようになります。この頃には「知っている」と「〜だと思う」の微妙な違いなどもわかるようになり、心の様相を表すこうした語彙の発達によって他者の振る舞いやその結果についても理解が進みます。こうした経緯を経て、3歳半頃までに「だって……だから」というように自分なりの理由づけをするようになります。そして4歳頃には、自分や他者の行動や感情を心の様相を表す語彙を使って説明できるようになります。**表5-5**は

心の理論の発達に関する年齢と段階を示します。

表 5-5　心の理論の年齢別発達段階

生後 0〜6ヵ月	・表情を真似る。 ・生後 4ヵ月頃から関心、嫌悪、悲しみや怒りを表す。 ・親がなだめようとするとそちらに注意を向ける。
生後 6〜12ヵ月	・大人の視線をたどって同じものを見たり、自分を見つめる顔を長く注視する。 ・指さし：人差し指で指し示し、同じものを見るよう求める。 ・大人から離されると不安そうにする。
1歳〜1歳半	・指さし：人差し指で取ってほしいものを指し示す。 ・母親が離れていくことに気づくと激しく怖がる。 ・親にやりたいことを制限されると不満が高まっていく。
1歳半〜2歳	・「〜がほしい」「〜したい」ということばで要求を表現する。 ・他の人がしようとしていることを理解する。 ・恥じる、誇る、恥ずかしがるなど自意識に関わる感情を表現する。
2歳〜2歳半	・好き・嫌いを言うようになる。 ・心の様相を表す初期の語彙で、嬉しい、怖い、悲しいなどの感情を表現する。
2歳半〜3歳	・心の様相を表す語彙が増える。 ・自分が経験した過去のことをより詳しく話せる。 ・きまり悪さなどの、自意識に関わる感情をより多くもつ。
3歳〜3歳半	・自身の経験から離れた役を演じる。 ・「だって〜だから」という表現で理由づけをする。 ・他の人に生じた感情を説明する。
3歳半〜4歳	・多様な役・ものの見方を模倣する。 ・「思う」「知っている」「覚えている」などの語彙を用いる。
4歳〜4歳半	・ユーモアが芽生え、皮肉も理解するようになる。 ・聞き手に合わせて自分からの伝達の内容量を調整する。
4歳半〜5歳	・「かっこいい」と思う行為を真似る。 ・他の子の前では「強がる」。 ・平等、公正といったことを気にするようになる。

（2）心の理論と聴覚障害児

　難聴児は聞こえる子どもと比べて心の理論の発達に大きな遅れがあるといわれており、言語へのアクセス不足が原因になっていると考えられています。難聴児の心の理論の発達については研究が少ないのですが、脳への聴覚刺激の伝達が増えることで人工内耳装用児は聞こえる子どもと同レベルの心の理論発達が見込めるのではないかという研究もあります（Remmel & Peters, 2009）。

聞こえる子どもたちでは、心の理論は全般的な発達が進むにつれて発達していきます。高次機能、言語力、他者との関わりの中で培われる学び、心の様相を表す語彙のインプットの豊かさといった要因が心の理論の発達を後押ししています。難聴児は周りの人たちの会話や関わり合いを耳にすることが難しく、そのために人がどのように感情を表現するのかを学ぶ機会が著しく損なわれていると考えられています。

（3）心の理論の発達を促す方策

　心の理論の発達の鍵となるのは、友達やきょうだいとの交流、一緒に遊ぶこと、そして心の様相を表すことばを多く聴くことなどであることが明らかになっています。AVT療育では遊びを通して親に心の理論を理解してもらい、親子で、または友達やきょうだいなどの子ども同士で遊ぶ際にどういったことに気をつければ良いかを指導していきます。いろいろな役まわりがある遊びへの参加の仕方を見せ、他の人がどんな感情をもっているか、ごっこ遊びや見立て遊びのアイデアを共有するにはどうしたらいいか、どう行動したらどういった反応があるか、みんなが参加できるためにはどうやって話し合えばいいか、などの理解が進むようにしてあげましょう。子どもは遊びの中で、「おめでとう」や「頑張って」と言ったり、慰めたり一緒に悲しんだりしながら、他者の心の動きを察して反応する仕方を学んでいき、友達との付き合いに活かしていきます。ごっこ遊びは心の様相を表すことばを豊かに育みます。

　AVT療育者は、他の人の行動を説明してあげる中で、感情や心の動きを表すことばをきめ細かく使っていくお手本を見せます。例えば、絵本を読む時には登場人物の考えていること・感じていることなどを説明してあげるよう、その際には子ども自身の考えや行動を例にとって話すように（例：「遊ぶのをやめて片付けなさいって言われたら嫌でしょう？　だから私もそう言われたら嫌な気持ちなのよ」）、親に指導します。

　最近の研究では、赤ちゃんへの語りかけも含め、心の様相を表すことばを使うタイミングが心の理論の発達に関わってくるといわれています（Taumoepeau & Ruffman, 2006, 2008）。例えば、生後 6 ヵ月の赤ちゃんには、「パパが帰ってきたね、嬉しいね」などと赤ちゃんが感じているであろうことを読み取りことばにしてあげる、2 歳頃の子どもには、「ほら、A 君のおもちゃを取ったから、怒っちゃったよ」などと他人の考えや感情をことばにしてあげる、というように年齢に応じた語りかけをしてあげます。心の理論を育むための指導を始めるのに早すぎるということはありません。AVT療育では、心の様相を表す表現をどのように日常生活の中に取り入れ、遊びの中で使っていくかを、きちんと順を追う形で親に指導していきます。

引用・参考文献

Estabrooks W., Maclver-Lux K., & Rhoades A. E.（2016）. *Auditory-verbal therapy: For young children with hearing loss and their families, and the practitioners who guide them*. San Diego, CA. Plural Publishing.

Estabrooks W., McCaffrey Morrison H., & Maclver-Lux K.（2020）. *Auditory-verbal therapy: Science, research, and practice*. San Diego, CA. Plural Publishing.

Higgingbotham D. J., & Baker B. M.（1981）. Social participation and cognitive play differences in hearing impaired and normally hearing preschoolers. *The Volta Review, 83,* 135-149.

池上敏幸・山田弘幸・原修一（2019）. 構音障害児における語音弁別能力と構音の獲得過程との関連. 音声言語医学, **60**, 140-147.

Leong D. J. & Bodrova E.（2012）. *Assessing and scaffolding: Make believe play.* Young children, 28-34. NAEYC.

能登谷晶子・諏訪美幸（2022）. 症例から学ぶ子どもの構音障害. 建帛社.

大原重洋・廣田栄子・鈴木朋美（2011）. インクルーシブ環境（幼児教育・保育施設）における聴覚障害児の社会的遊びとコミュニケーション状況および, 関連要因の検討. Audiology Japan, **54**, 230-238.

Remmel E., & Peters K.（2009）. Theory of mind and language in children with cochlear implants. *Journal of Deaf Studies and Deaf Education, 14*（2）, 218-236.

Taumoepeau M., & Ruffman T.（2006）. Mother and infant talk about mental states relates to desire language and emotion understanding. *Child Development, 77*, 465-481.

Taumoepeau M., & Ruffman T.（2008）. Stepping stones to others' minds: Maternal talk relates to child mental state language and emotion understanding at 15, 24 and 33 months. *Child Development, 79*, 284-302.

第6章

AVT と読み書き

井上ひとみ

1 | はじめに

日本では、昔から読み書きそろばんといえば学校教育における基本的な教育内容とされ、小学校で獲得させる基礎的な学力とされています。読み書きは、文字通り文字を見て読んだり、書き方を覚えて文字を書いたりすること以上に、はるかに多くの事柄やプロセスを含み、子どもの成長とともに長い時間をかけて育まれていく能力です。さらにそこから社会性や様々な認知能力の発達につながっていくと考えられています。

聴覚障害児の読み書きの習得については「6歳の峠」[1]や「9歳の壁」[2]などと例えられるように、特別な手立てをしなくては習得が難しく、困難が伴うことがあるのも事実です。しかし、現在は様々な補聴機器の開発や目覚ましい技術の進歩によって、難聴児が読み書き力を身に付ける学習を早期から提供できるパラダイムシフトをもたらす時代になったと言えます。

オーディトリー・バーバル・セラピー（AVT）では、読み書き能力の芽生えは、子どもが音を能動的に聴く瞬間から始まると考えます。補聴機器を適切に調整し、起きている時には常時装用することで、豊かでリアリティーのある言語環境を用意し、まず聴いて話すことを自然に学びながら、読み書きの土台を築いていくのです。

本章では、子どもを音のある世界に導き、主軸となる「まず聴く」ことへの様々なアプローチを開始し、AVT が長年かけて系統的に行ってきた読む力と書く力を育てる療育的介入の方法を紹介します。

2 | 聴くことが書くことにつながる

AVT では、「聴いて話すこと」を読み書き能力に至る最初の明確な目標として重視しています。

全ての子どもにとって、ことばの成長に大切なのは音を聞くことだけではありません。周りで話されることばは五感（見る、聞く、触れる、味わう、嗅ぐ）から受ける刺激とこれらに伴う感情などと結び付けられ、継続的に繰り返し脳に刷り込まれます。感覚刺激のネットワークがより広く結びつき、相互に関係することで、ことばの理解を深

---

1) 6歳の峠：音韻意識は、4歳前半から5歳にかけて音韻分解が可能になるが、聴覚障害児の中で習得が難しい児がいるその現象をいう。
2) 9歳の壁：1960年代から言われ始めたもので、聴覚障害児の中で思考力や言語力・学力が小学校中学年水準に留まる児がいるその現象をいう。

めることができるのです（第 2 章参照）。また、様々な社会的な経験を積み、人間関係、社会性、認知機能を高め、常識的な知識だけでなく、主観的な経験を客観的に他人にわかりやすく話をするために必要なスキルを身に付けます。したがって、このような日常の経験の中で、多くの人々と意味のある交流をすることが、理解や知識の基礎となります。これ以外にも、本や挿絵、雑誌、チラシ、写真や電子機器の画像、ロゴや道路標識などの視覚情報からも理解や知識は広がり記憶されます。さらに、ごっこ遊びのような想像遊びから直接得た知識、動画や VR などの間接的な経験によってつくられる仮想知識、手続きの知識が結びついて、手順を実行に移す方法や感情を読み取る方法などが子どもの知識基盤となり、将来の読み解く力や書き表す力の学習の土台となるのです。

　AVT では、早期から補聴器や人工内耳を装用させ、日常生活で自然に聴いて話す力を毎日の生活で磨きます。多くの経験をさせ、それに関する意味のある対話を効率よく促します。この親子の自然なやり取りの中で知識はより発達し、子どもたちは話されることばを自分のことばとして自らの知識体系に組み入れ、やがて読み書きができるようになります。子どもたちはある日を境に突然文字を読んだり、書いたりすることは決してありません。また、読み書きは、書かれた文字を見てそれを発音することや、文字を覚えて紙に書き写すだけではありません。大前提として聴いて話すことの経験があり、それが文字によって表され理解されるということを自らが学ぶ必要があるのです。これは、ことばを話すこととは比較にならないほど高度な脳の働きを必要とします。

　従来から難聴児には、絵カードや書かれた単語や文を読み取り、見ることを利用した指導を行うのがより自然であると考えられてきました。個人差はありますが、聴覚活用をしても聞き取りにくさは残ります。母語の習熟が遅れたり、大人の話やテレビから流れる情報などを小耳にはさんだりして、偶発的に学ぶ機会を逃すことにつながりやすいため、その不足を補う思考力を鍛えながら読みの準備を進める必要があります。

　AVT では、聞くことの延長線上に話すことが、そしてさらに読むこと、書くことがつながっていくという信念のもと、子どもたちが社会で活躍できる読み書き力を身に付けるために、「聴く力」を育てていきます（図6-1）。

図 6-1　AVT のマイルストーン

3 | 読み書き力に必要な能力

　ことばは、形式（音韻、形態、統語）、内容（意味論）、使用（語用論）という、規則性をもって相互に関連する構成要素から成り立っています。子どもはこうした言語の仕組みを学びながら同時にメタ言語やパラ言語などの関係を理解し、ワーキングメモリーを使って短期記憶から長期記憶へシフトを行います。つまり、耳にした音韻のつながりを一時的に短期記憶で保存し、すでに知っている音韻情報の類似性とマッチングを行いながら長期記憶に保存します。意味情報のマッチングも同時に行います。このプロセスでは、物事の順序や因果関係を理解し、自分の過去の経験から知っていることと照らし合わせたり、認めたり、受け入れたり、比べたりしながら、未経験のことを予測して解決方法を探しだすことを学ぶのです。このような複雑な処理は難聴児に限らず、健聴の子どもたちにとっても聴いたり話したりする中で身に付けていく高次な機能と言えます。つまり、これら全ての言語の構成要素を使いこなせる総合的なスキルを伸ばしていく過程そのものが、言語習得であり、その後につながる読み書き力の学習に必要不可欠なのです。

音　　韻…言語音をそれぞれに識別し、認識される抽象的な音。例えば日本語の音声「ん」は音声記号で示すと異なるいくつかの音の種類で示しますが、「ん」という1つの音として扱うこと
形　　態…語がどのような構造をしているか、語がどのようにつくられているかのこと
統　　語…語の配列や文がどのような構造をしているかのこと
意 味 論…語彙や文の意味の仕組みを解明する分野
語 用 論…実際の場面や状況で、文がどのように使われるのか解明する分野
メタ言語…言語を説明したり、言語の情報を記述するための言語
パラ言語…イントネーションやリズムなど、言語以外の音声情報

　以下は、小学1年生で学ぶ国語の文章です。これを例に説明をしましょう。

> 『くまさんが、ふくろを　みつけました。「おや、なにかな。いっぱいはいっている。」くまさんが、ともだちのりすさんに、ききに　いきました。くまさんが、ふくろを　あけました。なにも　ありません。「しまった。あなが　あいて　いた。」

あたたかい　かぜがふきはじめました。ながい　ながい、はなの　いっぽんみちが
できました。』（光村図書こくご 1 上かざぐるま「はなのみち」より）

　ここでは文字の音やかたまりを見つけ、語彙の理解をしながら音読ができることはも
ちろんですが、話しことばと書きことばの違いにも気づきながら内容を読み進めます。
展開がわかりやすい構成の中で、登場人物の行動を理解し、「風が吹き始めました」で
季節の変化を推論し、「そこに咲く花の道」についての意味を考え、穴が開いていた事
実を照らし合わせることで「ああそうか」と、袋の中身が何だったのかを知るのです。
このような、読解力を求められる課題が小学 1 年生から始まるのです。

　難聴児はこのような学習の時、教室で耳を研ぎ澄ませ、単語の音を聞き取り、意味を
考えることを同時に行わなくてはなりません。音声を聞くということは、まず、その言
語に含まれる音素を聞き分けることがスタートとなります。難聴児の音韻意識のスキル
の研究では、早期介入をするほどプラスの効果をもたらすことが示されています。特に
音韻指導は、遅くとも就園児で開始する必要があると提案されており、重要な点は、子
どもが話しことばから音韻意識に段階的に移行していくことで、より効果的に文字列か
ら単語のまとまりを見つけることができると報告しています（Schuele & Boudreau,
2008）。AVT で訓練を受けている難聴児は、早期から補聴機器を装用し、適切な調整に
よる最適な聴覚アクセスが補償され、音声スペクトル（ことばを聞くための周波数範
囲）をほとんど聞くことができるため、音韻に関心をもつ練習を就学前からすでに始め
ていると言えます。

　このような適切な介入をするために、AVT 療育者と親は、音韻意識が全体的なもの
からより部分的なものへ移っていくという音韻意識の獲得の段階性を理解し、学ぶ必要
があります。以下、読み書きに必要な能力（1）音韻意識、（2）語彙、（3）聴覚記憶に
ついて説明しましょう。

（1）音韻意識

　言語によって異なりますが、話されることばには、この他にもいろいろな特徴があり
ます。音節の区切りを分節的特徴、分節を超えて音が連続することによってできるもの
を超分節的特徴と呼びます。超分節的特徴は声の高さや長さや強さおよび間などのこと
で、プロソディー（韻律）とも言います。

　音声を文字で表せるようになるためには、話されていることばの分節的特徴を理解す
ることが必須です。音素は他の語と区別するのに必要とされる最小の音声単位で、音素

がいくつか集まってできる音節は、ひとまとまりとして意識される音声の連続単位です。音節がさらにつながって単語を形づくり、節や文章となり、そこに韻律的な要素（超分節的特徴、プロソディー）が加わったことばは、個別の言語に特有の音声体系です。このように様々なレベルで私たちの耳の届くことばの音としての特徴を捉えるのが音韻意識です。

　子どもは、どのようにして音韻意識に至るのでしょうか。

　子どもは、親が話す母語を聞いて育っていきます（第2章参照）。赤ちゃんにとって話しかけられることばは、一連の音のつながり、音楽のようなものです。その頃は耳に届くあらゆる音を分け隔てなく聞いているといわれます。やがて、必要な音素に特化した効率的な聞き方に成長していきます。例えば日本語であれば、日本語に含まれる音素からなる日本語を聞き分ける言語脳に、英語であれば英語に含まれる音素からなる英語を聞き分ける言語脳に成長していくのです。これは、母語の音素を聞き分ける能力が、母語に必要のない音素を聞き取る能力を消失させてしまうということです（Huttenlocher, 2002）。つまり、母語の音素であっても聞く経験が少なくなれば聞き分ける能力が消失してしまう可能性があるのです。生得的に弁別能力を獲得できる時期に、より多くのことばを聞かせることは音韻意識に必要な環境条件なのです。

　超分節的特徴は、聞くことでしか捉えられません。同じ「いいね」ということばでも、言い方によって賛同であったり、確認の質問であったり、または威圧的な強制であったりします。難聴児は、聞こえを通してこういった超文節的な特徴を正確に捉えることが難しく、聞き間違えたり、聞き逃したり内容を誤解しやすいのです。話されることばの意味の伝達には、こうした音素や音節要素などの音韻的な特徴を捉える能力が必要で、この能力を含めての音韻意識が極めて重要なのです。

　米国の政府機関である全国読書委員会で報告されたNRP「The National Reading Panel（2000）」（子どもたちに読書を教える最良の方法）では、音韻意識が敏感な子どもたちほど、話されることばの音の構造を理解し、音節、さらに音素レベルでことばの音の構造を操作することができると報告しています。AVTでは、しりとり、逆さことば、音節・モーラの数を競う「グリコ」などのことば遊びを通して、就学前に音韻への敏感さを高めることを推奨しているのはそのためです。補聴機器を装用したその時から「聴かせる」ことを意識した会話をし、その中で自然に音韻意識を育てましょう。

音韻について

　日本語では音韻単位は「母音」または「母音＋子音」の組み合わせで、「モーラ（拍）」といい、1 つのモーラが 1 つの仮名文字に対応しています。例「赤」は「あ」、「か」となります。（特殊拍の場合には一致しません）。しかし、英語のアルファベットには「名前」と「音」があり a という文字の名前は /ei/ ですが、この a は、about[əbáut]、cat[kæt]、make[méik] のようにそれぞれの音が異なります。また star の場合は、ar というまとまりで 1 つの音となる規則があります。このように英語では、最小の音韻単位である「音素」が必ずしも 1 つのアルファベットに対応しているわけではありません。

（2）　語彙

　米国では 20 年以上も前に、話されることばを聴く機会が少ない子どもの言語発達が深刻な影響を受けることが数量的に示されました。彼らは、「よく話す親の子どもはよく話す 3 歳児になり、あまり話さない親の子どもはあまり話さない 3 歳児になった」と報告しています（Hart & Risley, 1995, 1999）。この研究は健聴児が対象でしたが、難聴児について考える上でも重要な意味をもっています。

　親の対話スタイルと子どもの語彙習得との関係を浮き彫りにした「3000 万語の格差」と呼ばれる研究報告が論拠となって、言語環境の格差が生まれやすい複雑な家庭環境の子どもたちを対象に、彼らの言語能力を伸ばすことを目的とするプログラムがつくられました。語彙知識は、子どもの読む力の向上に直接に関係します。就学前の子どもの言語能力は、2 年生以降の読む力と相関関係があることが証明されています（Scarborough, 1989）。子どもが認識し理解できることばが増えれば増えるほど、読み書きにおいても問題なくできる可能性が高くなるのです。

　言語習得において大脳が最も刺激を受け入れられる時に、適切な補聴がされていない難聴児は、普通の聴力をもちながらも聴いたり話したりする機会が乏しい子どもと同じような不利な状況に置かれてしまいます。豊富な語彙を身に付けていくためには毎日の対話の中で、新しいことばに出会う場を多くすることが必要になります。成長とともに、高度で複雑になる対話を、聴こえを通して日々行っていくことは、初期の読み書き能力の基盤づくりの必須条件なのです。

（3） 聴覚記憶

聴覚記憶とは、ことばを聞きながら、ことばを記憶し、その話の内容がイメージできたり、後からその内容を思い出したりできる能力です。短期記憶は、生後1年目は緩やかな発達をしますが、1歳近くになると急速に発達し、文字系列では8歳頃までに10以上を復唱できるなど顕著な上昇があり12歳頃には落ち着くと示されています（Gathercole, 1999）。

話されることばは、流れる水のように、発せられた瞬間に消えてなくなってしまいます。私たちが会話する中で、あるいは文章を読んで意味がわかるのは、文章の初めに何が言われ（書かれ）ていたか、あるいは前の文章、前の段落で何が語られていたかを記憶しておいて、全体の意味を把握できるからです。それができなければ、ことばは文字通り聞き流されてしまいます。AVTでは、早期から補聴し、記憶力が最も成長する時期に、会話や遊びを通して聴覚記憶を高めます。

例えば、絵本を読みきかせたり、散歩に行ってやりとりしたり、日常の中で子どもが興味をもったり、覚えてほしい事柄について会話の中で聴かせます。この時に聴かせたいことばを強調したり、子どもが話すことばをつなげて長くしたりするなど、聴覚を活用させるスキルを使うとさらに聴覚記憶を高めることができるでしょう（第4章参照）。私たちの脳は、繰り返し入力される内容は重要と判断し、長期記憶へ移行するという特性があるので、聴覚記憶を高めるには、何度も繰り返し聴かせることが何よりも大切といえるのです。

4 ┃ 読み書きの準備は毎日の家庭生活から

聴覚活用の第一歩は、適切に調整された補聴機器を起きている間、終日装用することです。AVTでは補聴機器を使って子どもが聞くことを開始したその日から、生活や遊びの中に、より自然な聞こえを組み入れるための実践を行います。療育セッションは、平均、週1回の60分程度という、ことばを覚えるにはあまりにも少なすぎる時間ですので、子どもが聴くことを学ぶ場所は家庭であるという考えに基づいています。

AVTの理論を家庭で実践していくのは親ですから、

図 6-2　読み書きの土台

AVT 療育者の大事な仕事は親をコーチングすることです。親にとって、難聴児が聴覚を使い音声言語を習得するため有効な、学びが得られる内容を伝えます。特別な教材や特別な活動を行うのではなく、毎日の家庭生活の中で行える自然な活動内容として設定をします。例えば、①音楽を楽しんだり、②絵本に親しんだり、③自由に描いて表現する活動などの実践を行います。萌芽期リテラシー（emergent literacy）を育み、読み書き力の土台の活動（図 6-2）を以下に紹介していきます。第 4 章で紹介された様々なストラテジーも参考してください。

（1）音楽・うたを楽しむ活動

音楽やうたは、子どもにとって聞きやすい、抑揚やリズム、イントネーションなどが豊富に含まれています。特に母語で歌われる歌詞には、ことばを意識させる語彙が多く含まれています。まだことばの出ない小さな子どもは、最初はリズムに合わせて身体を動かしたり、メロディーに合わせて声を出したり、うたに合わせて手を振ったり打ち合わせたり、楽器を吹いたり叩くかもしれません。この音楽に含まれる音の大きさ小ささ、高さ低さ、早さ遅さを聞き分け、身体で感じて動作を楽しむことが、脳を刺激しバランス感覚を促します。そして、音韻意識を獲得するうえで必要な聞き分けの能力を磨くことができます。

また、繰り返し親子で手遊びうたやうた遊びをすることで、歌詞を覚えるなど聴覚記憶を促します。一緒に楽器を演奏したり、うたで韻を踏んだり、AVT を使うことは、聴くことを強調し、言語力や読解力を養うことができる重要な活動の 1 つです。うたは単に語彙や言語を学習するだけでなく、呼吸を合わせて一緒に歌うことで、お子さんの抑揚に富んだ発声や、明瞭な音声を促し、引き出すこともできるのです。

（2）絵本に親しむ活動

子どもへの絵本の読みきかせからは、想像力が育まれる、気持ちが安定する、集中力が高まる、コミュニケーションが図れる、感情が豊かになる、語彙が増えるなど様々な効果を得られます。たとえ、まだことばが理解できない赤ちゃんでも、1 日数分絵本を読んであげると、音への興味が刺激され、聞いたり、話したり、見たり、学習したりする準備が少しずつ始まります。同時に、好奇心、共感力などが養われ聴く力が促されるのです。

絵本の読みきかせはお子さんのペースに合わせて、1 冊読み通さなくても数分でも 1 ページだけでも構いません。毎日、読みきかせ、活字に触れる習慣を作りましょう。ご

はんを食べる前に食べ物の絵本を見る、散歩に行く前に乗り物の絵本を見る、動物園に行って目の前の動物と同じ絵本を見るなど使い方は色々です。絵本の中には日常生活で使わない、新しい語彙や表現がたくさん詰まっています。また、日常では体験できない子どもがワクワク、ドキドキするような想像の世界を一緒に訪れることができます。冒険に出かけたり、お姫様になったり、動物の友達ができたり、絵本の世界観に寄り添って読みきかせしましょう。登場人物によって声色を変えて、大きな声や、ひそひそ声などで読みきかせをすることで、子どもは耳を澄ませ、聴くことを楽しんでくれるようになるでしょう。子どもが持ってくる絵本は、お気に入りのフレーズを繰り返し、子どもが飽きるまで読んであげましょう。もし、子どもが絵本を読みたがらないなら、読むタイミングを考えてみましょう。親がリラックスして、楽しそうに読んでいる姿を見せたり、一緒に図書館に行って子どもの好きな絵本をたくさん借りたり、いつも絵本が身近にあるような環境を作ってみましょう。本好きにさせることは読む力を育てる最短の近道になります。

（3）自由に描く・書く活動

AVTでは、子どもが文字を書く前の環境づくりとして、描くことの喜びを実感させて意欲を促します。子どもが楽しんで描く・書くことが、識字能力を高め、文章を読み解く能力の支えとなるからです。まず紙を大量に用意します。白い紙でなくても構いません。チラシの裏、色紙、包装紙、メモ帳など、身近にある紙でいいでしょう。その中には、子どもが好きそうな塗り絵や、パズル、迷路、点結びなども入れておくとよいでしょう。そして、子どものお気に入りの色や、鮮やかな色のクレヨン、線がはっきり見えるサインペンなど、様々な描くものをいつも目につくところに置いて自由に描くことができるようにします。

子どもは自由にそれで遊んだり、描いたり、日々の出来事や、興味をもった物事、空想や文字の真似事を書いて、それを周りの大人に見せて褒めてもらうことで、さらに書くことが好きになります。自分の想いを表現することで、集中力がつき、論理的思考やコミュニケーショ

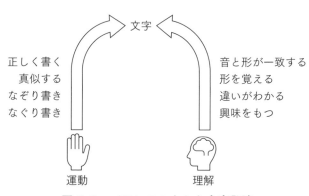

図6-3　バランスのとれた文字発達

ンの素地が作られていくのです（**図6-3**）。

　一方、子どもが文字を書けるためには、箸やはさみが器用に使えるようになることと同じように、鉛筆やクレヨンを上手に操るための手指の巧緻性や運筆力などの発達も必要です。**図6-4**は「なぐり書き」が文字になるまでの変化を示しています。はじめは上手にペンを持てず書きなぐるように点や線で表しますが、少しずつ文字の形のようなぐちゃぐちゃの形を真似して書いたり、記号のような文字を書いて楽しみます。このような運動面の発達に合わせて、文字の形を見比べる力や、文字を記憶する力、文字の音と形を一致させる力などの認知面が育ってくることで書くことができるようになるのです。大前提として、書くことへの興味を大切に育みましょう。自分の名前を目にしたり、あいうえお表などを目につく場所に貼って、文字が身近な記号となるような環境を作りましょう。

図6-4　発達する文字

2歳 なぐり書き（スクリブル）脳と手がリンクしていないのでぐちゃぐちゃしていますが、試しては書き、試しては書いてを楽しんでいます。「てんてん」「シャーシャー」などの声掛けで一緒に楽しみましょう。	
3歳 手首を動かして〇などの曲線が出てきます。自分で書いた絵にタイトルをつけて表現をするようになります。例えば「リンゴ」なら一緒に「おいしいね」「まるいね」などの声掛けでさらに空想が広がっていくようです。	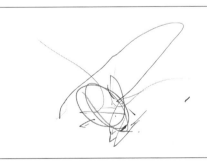
4歳 自分の絵のタイトルを文字らしきもので書くようになります。ここでは名前を書いています。	

5歳 お手紙ごっこの始まりです。口でことばを言いながら、鉛筆を使って書けるようになってきました。	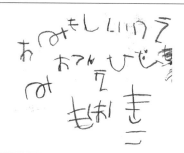
6歳 鏡文字になっていたり、形として完成はされていませんが自分の気持ちを書くことができるようになっています。自分の書いた文字を読めるようになってきています。	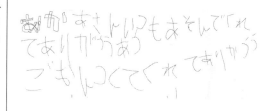

5 │ AVT の実践的なアプローチ

　ここからは、『Auditory Verbal Therapy: For Young Children with Hearing Loss and Their Families, and Practitioners Who Guide Them』第 9 章の中から、AVT の実践例について、翻訳・抜粋したものを引用しながら説明します。

　表 6-1 は、認定 AVT 療育者（LSLS）の 9 つの専門領域と National Reading Panel（NRP）が示す読み書き理論を聴覚と言語の実践に関連付け、AVT が初期の読み書きの育成をどのように進めるかを具体的に示しています。

　ここで紹介される実践的なアプローチの基盤にあるのは、AVT の目標である聴覚を使った思考を育てるために、聴覚記憶を促進させることです。単語や文章の中の音韻情報を認識し、保存し、取り出す力は、文章を流暢に読む、あるいは読んで理解するための必須スキルです（Catts & Kamhi, 2005）。表 6-1 で、親子の活動を目的として AVT 療育者がコーチングをする際に使うことができる実践的な方法を紹介します。

表 6-1　LSLS の 9 つの専門領域と NRT の分類と AVT の関係

LSLS の 9 つの専門領域に関連する介入	NRP の分類	AVT の実践方法 （英語特有の音韻構造を認識させる実践も含まれていますが、日本語に合わせた実践例に変えて説明しています）
A. 手遊び歌、うたを楽しむ	音素認識 フォニックス 流暢性 語彙 文章理解	・1〜2 音節の単語で、音素が 1 つ異なる単語を聴き取る 　例）あさ−かさ、くし−むしなど ・メロディー、音調、リズム、抑揚、韻の違いを聴き取る ・繰り返し聴かせ、歌うことを楽しむ
B. 絵本の読みきかせ	語彙 文章理解	・話しことばで応える ・子どもの補聴機器のマイクの近くに座る ・子どもから話すのを待ち、それに対して応答を促す ・語りかけの中で聴覚的強調を使う ・子どもに考える時間を与えるために反応を十分に待つ ・登場人物に合わせて声色を変える ・質問したり、答えたりという日頃のやり取りを使う ・リズム、抑揚をつけ、歌うように読む
C. 話の流れの順序付けを行い、並べたり話したりする	語彙 文章理解	・話しことばで応える ・子どもから話すのを待ち、それに対して応答を促す ・物語の構成要素（始まり、中間、終わり）を理解する
D. リズム遊び・歌を歌う	音素認識 フォニックス 流暢性 語彙 文章理解	・メロディー、音の高低、音調、リズム、抑揚、韻の特徴を聴く ・繰り返し聴く
E. 経験に基づくお話作り体験本（LEB）・絵日記の作成	語彙 文章理解	・自然なやり取りの中で会話を展開する ・目的とする単語は聴覚的強調を使う ・語順に注意を向ける ・単語に要素（色・形・様子など）を加えて、その意味を広げる（りんご→赤いりんご・丸いりんご） ・接頭語（お手紙、か細いなど）、接尾語（ぞうさん、寒さなど）を使う
F. 本作り	語彙 文章理解	読みきかせの時に聴いた語彙を使う 語彙の例：カバー、表紙、タイトル、前書き・後書きなど
G. 書かれた文字の形式を理解する	語彙 文章理解	読みきかせの時に聴いた語彙を使う 例：横書きは左から右へ、縦書きは上から下へ読むなどを知る
H. 文字、単語、文章、句読点を意識する	音素認識 フォニックス	・超分節的特徴（アクセント・リズム・抑揚など）に聴覚的強調を使う ・「なんて聞こえた？」と尋ねる ・文字、単語、文章、間、句読点について気づかせ説明する

I. フォニックス 音と記号の対応 関係、文字と音 の対応関係	音素認識 フォニックス	・聴覚記憶を鍛える ・文字の法則を理解するための準備（小学校への準備）を する
J. 音素認識 音のマッチング、 分離、置換、付 加、融合、分割、 削除	音素認識 フォニックス	・自ら言って確かめる ・リング6音テスト ・歌ったり、演奏したり、歌に慣れ親しむ
K. 文字を見なが ら読む	流暢性	文字を読むことの導入期であるので、文字の逐次読みから、 単語をひとかたまりに読み進められるように促す
L. 聴く、話す、 読む、書くこと を伸ばすための 方略を知る	音素認識 フォニックス 流暢性 語彙 文章理解	・聴覚記憶の強化 ・理解語彙と表出語彙の二側面の強化 ・社会的に妥当な話しことばと書きことばの見本とその働 きを示す ・独り遊び、大人との会話、同年齢どうしでの会話から学 ぶ
M. 文脈を手掛 かりに意味を読 み取る	語彙 文章理解	日常の活動の中で子どもと意味のある対話を頻回に行うこ とで、語彙、文章の意味理解を深める
N. 音読する	流暢性	日常の活動の中で子どもと意味のある会話を頻回に行うこ とで、流暢に話し、読む力を伸ばす
O. 文章理解の 方略を知る	語彙 文章理解	・今、見ていること、していること、起きていることを説 明する（行動の言語化） ・意味のある表現を使って、生活の中に音（ことば）を組 み入れる ・たくさん対話をする ・意味論・形態論・統語論の領域を網羅する ・平叙文を質問や感嘆文に変える ・モノや行動、関係修飾語や考え方を適切に表現させる ・言語の運用的な側面を使わせる ・体験で記憶したことに基づいて文章を作らせる
P. 抽象的、比喩 的な表現を知る	語彙 文章理解	子どもとの日常会話や毎日の読みきかせで、抽象的、比喩 的な表現を使う
Q. YES/NO で 答えられない質 問をする	語彙 文章理解	子どもとの日常会話や毎日の読みきかせで、憶測を求める 質問、予測など広がりのある質問をする

（1）聞くための指導

1）音韻意識の発達段階

　AVT では音韻意識の訓練を次のような段階を踏まえて行います。ここでも、大前提となるのは早期・常時・終日の補聴と、遊びや生活の中で聴くことへの能力を高める環境です。以下で紹介するトレーニングは難聴児に限らず健聴の子どもにも行われる内容になっています。ひとつの段階から次への段階への移行は緩やかで、かつ同時進行や後退もあり得ます。

第 1 段階　リズムと韻：単語のパターンを意識し、完成させて作りだす能力と、話されることばの中から音節を検出する能力
第 2 段階　単語から一部を抽出する：音節を混ぜたり、分割したり、削除する
第 3 段階　音の順序：最初の音と最後の音を意識する
第 4 段階　音の分割：単語の中の音を分割したり、混ぜたりする
第 5 段階　音の操作：音を追加したり、削除したり、置き換える

　Price & Ruscher（2006）は子ども向けの絵本や様々な印刷物を用いて音韻意識を指導する自然主義的なアプローチを提案しています。この指導法は、Embedded Explicit Approach（組込み型明示的モデル）の原則と一致し広く使われています。
　この内容は、未就学児や園児を対象に音韻意識トレーニングの目標を具体的に段階的に進めていくものです。読み書きの目標を段階ごとに設定し、1 日の生活の中で、自然な形で読み書き体験ができるように指導を行います。例えば、あらゆるジャンルの絵本や本を子どもがすぐ手に取れるような場所に置いたり、子どもがいる室内、例えばトイレや洗面所など至るところに単語や絵が描かれた写真やカードを貼り、文字と写真や絵が表すものを常に結び付けられるような環境を作ります。さらにカレンダーやスケジュール表などを使って読んだり書き込んだりできるようにします。

2）AVT での音韻意識の指導方法

　Embedded Explicit Approach は、以下のような指導を提案しています。
①音の単位レベルのスキルでは以下の内容を行います
　a. 音節
　b. オンセット・ライム：単語の最初の音素単位とその後に続く文字列の韻を学ぶ

例：cat の場合　c-at（日本語ではあまり重視されません）

c.　音と記号の結びつき（フォニックス）と頭韻法（例：Sheep should shower in a shed のように Sh の韻をふむこと）

d.　音素

　英語では rhyme（韻）を重視します。韻には頭韻（頭の音をそろえる）と脚韻（最後の音をそろえる）があります。日本語は 1 つのモーラが 1 つの仮名文字に対応していますが、英語では、最小の音韻単位である「音素」が必ずしも 1 つのアルファベットに対応していません。そこで音をバラバラにして、揃えたり入れ替えたりする操作を遊びの中に取り入れ、音と文字（アルファベット）の関係を習得させます。

　その中の 1 つに「オンセット（onset）」と「ライム（rime）」があります。オンセットは「最初の母音の前の子音」、そしてライムは、オンセットに続く「母音それに続く全て」を指します。ライムは脚韻（rhyme）と似ていますが、特に「1 つの音節の構造」のことを表すのが rime です。

　Dog（1 音節）→ d（オンセット）＋og（ライム）

　Stop（1 音節）→ st（オンセット）＋op（ライム）

---

②音の単位レベルの課題や処理についてのスキルは以下の内容を行います

a.　Blending（融合：音を組み合わせて単語を作る）

　例）s＋k/m/n/p/t/w…skip, smile, snake, spoon, stop, swim など（s＋他の子音）

　　　b/p/c/g/f/s＋l…black, play, class, glass, flag, slow など（他の子音＋l）

　日本語では：「す」「い」「か」これはどんなことばですか？

b.　Segmenting（分解：単語をより小さな音単位に分解する）

　例）dog → d＋o＋g bone → b＋o＋n＋e

　日本語では：「すいか」これを 1 音づつ区切って言ってください

c.　Counting（カウント：音節の数をカウントする）

　例）dog → 1 つ、　rabbit → rab-bit＝2 つ

　日本語では：「すいか」これはいくつの音でできていますか？

d.　Deleting（削除：単語から音を削除する）

　例）Popcorn →　corn　cupcake → cake

　日本語では：「すいか」から「す」を抜いたら何になりますか？

　以上のように AVT 療育者の指導の基本的な原則は、エビデンスに基づく研究（Price & Ruscher, 2006）によってつくられています。

　日本語でも同じように、難聴児に限らず音韻を意識させるトレーニングとして、単語の音韻分解、抽出が理解できるように様々なことば遊びをします。

〈日本語の場合〉

・語頭集め…最初に「あ」のつくものを集める

　　例）あり、あめ、アイスクリーム　など

・語尾集め…最後に「い」のつくものを集める

　　例）かい、きかい、あじさい　など

・しりとり…うし→しか→かさ→さかな、などことばをつなげていく

　　　　　　ことばの最後に「ん」がつくとつながらないことを理解する

・音の抜き出し…単語の中から 1 文字抜き取る

　　例）「さかな」から「か」を取ると何になる？

　　　　「さかな」の 1 文字目を取ると何になる？

・音の入れ替え…単語の中の文字を入れ替える

　　例）「さかな」の「さ」と「な」を入れ替えると何になる？

・音の付加…単語の 1 文字追加する

　　例）「さかな」に最初に「ま」をつけると何になる？

　　　　「さかな」に最後に「ま」をつけると何になる？

・逆唱…単語を逆から言う

　　例）「さかな」を逆さまから言うと何になる？

・モーラ分解…単語の音のかたまりを数える

　　例）「さかな」は何文字のことば？

　　　　3 文字のことばは何がある？

・復唱…有意味語・無意味語で復唱する

　　例）さかな→さかな、かなさ→かなさ

・アナグラム…入れ替えたことばを並び替えて単語を作る

　　例）ままうし→しまうま　　むかしとぶ→かぶとむし

　日本では、音韻意識の発達は、特別な指導を受けることなく自然に形成され、それを基盤として、文字の読み習得が始まり、その後、読みの進展とともに音韻意識が進むと考えられています（天野，1985. 1987）。AVT で実践されているような段階ごとに設定

された指導は極めて少ないのが現状です。子どもたちは、幼稚園・保育園などでことば遊びを通して身に付けていきますが、難聴児は家庭や療育施設、教育機関で意識的にこのような音韻意識のトレーニングを行うことをお勧めします。

　また、英語と異なり日本語に特殊音節があります。長音：「おとうさん」と伸ばす時に文字と音が異なる音、促音：「きって」と詰まるちいさい「っ」の音、撥音：「りんご」と表される「ん」の音で、これらは1文字1拍で発音されないので、特殊拍と呼ばれます。その他にも、拗音：「しゃ　しゅ　しょ」、濁音があります。これらの音は外国語話者にとっても習得しにくく、難聴児も大変つまずきやすい音です。聞いて分解したり、抽出したりすることが難しく、言えることばであっても読めない、書けないなど学習にバラつきの出る音です。したがって音韻に注意を向ける練習や音と文字の対応関係を学ぶために、根気強く繰り返し聞かせること、発音することを促すAVTの音韻意識トレーニングを参考に、遊びの中に取り入れていく工夫ができるでしょう。

3）AVTでの音韻意識トレーニングの留意点

・わかりやすく、体系的な指示を出します
・漫画ではなく絵本や本などのしっかりとした読み書きができる書物と、指導カリキュラムに基づいて行います
・音韻意識スキルは、単語の読み取りと書字に関係します
・指導は2〜3人程度の少人数で行います
・スキルは一度に多くを扱わず、融合や分割などの小さなスキルごとに焦点をあてて行います
・指導は10週間をかけて合計でおおよそ20時間行います（Carson, Gillon, & Boustead, 2013）
・最も効果が現れる時期は就学前です
・言語聴覚士や教師との緊密な連携が必要です
・リスクのある子どもを早期に特定し、個々の子どもに合わせた適切な指導を行います
・指導内容は、より簡単なスキルから難しいスキルへと順序立てて行います

　米国の20年以上にわたる研究では、難聴の有無にかかわらず、音韻意識の集中的な指導は読む力の習得に重要であり、子どもが直面しているそれぞれの課題に注意を払いながら、早期に集中的に行う必要性が示されてきました。子ども個々の課題に合わせながら、明確で体系的な指導計画を実施することで、語彙の識別、読み取り、スペリン

グ、読解に良い影響があります（Yopp & Yopp, 2006）。

（2）読むための指導

　加藤（2020）は、米国と日本で絵本に対する親の期待値を比較し（**表 6-2**）、米国では読み書きを意識させて絵本を活用する興味深い結果を述べています。また、親が選ぶ絵本の種類では、米国は文字や数字を取り扱ったものが多いのに比べ、日本はストーリーを扱っていることも特徴として挙げられています。このように、米国は絵本をことばを学ぶため、読み書きができるようになるための教材として、積極的に活用します。AVT の実践でも多くの絵本を活用し、ことばの習得のために体系的に行っていくことが特徴です。子どもに絵本や書かれている文字に興味や関心をもたせ、音韻の意識、音読の意識、書字の意識を育てていくのです。

表 6-2　絵本の言語教育効果に対する期待（加藤，2020）

	アメリカ	日本
語彙の獲得	88 %	46 %
リーディングスキルの発達	76 %	19 %
読み書き能力の発達	72 %	19 %
話しことばの発達	70 %	31 %
本への興味を促す	73 %	15 %

　これは、前述したように、日本語の文字 1 つが 1 つの音を表すのに比べ、英語は 1 つの文字で音が違う点が大きいと思われます。英語の絵本には、リズム、韻、繰り返しに重点を置いた文が多く含まれています。まとまりのある文章を聴くことによって、英語特有の音やリズム・イントネーションに触れさせ、話の流れや絵を手掛かりに未習の語彙や表現の意味を推測したり、概要を把握したりする力を育みやすいのです。**表 6-3**は、世界的にも有名な『はらぺこあおむし』（エリック・カール, 1969、訳：もりひさし）の英語原本と日本語訳本、『きんぎょがにげた』（五味太郎, 1982、訳：ロバート・キャンベル）の日本語原本と英語訳本を比較したものです。

表6-3　原文と訳の比較

絵本	英語の文章	日本語の文章
はらぺこ あおむし	But he was still hungry But he was still hungry But he was still hungry But he was still hungry	まだ　おなかは　ぺっこぺこ やっぱり　おなかは　ぺっこぺこ それでも　おなかは　ぺっこぺこ まだまだ　おなかは　ぺっこぺこ
きんぎょがにげた	Where to this time? Oops. There it goes again. Where to this time? Whoops! There it goes again. Where to this time? Hey look-there it goes again. Where to this time?	どこに、にげた。 おや、またにげた。 こんどは　どこ。 おやおや　またにげた。 こんどは　どこ。 ほら　またにげた。 こんどは　どこ。

　英語絵本『はらぺこあおむし』の日本語訳は、まだ、やっぱり、まだまだなど副詞を使い分けて、どんなに食べてもまだおなかがすいているあおむしの様子が表現の違いからよくわかります。日本語絵本『きんぎょがにげた』では、きんぎょが逃げる様子を意外な出来事として「おや？」と表現しているのに対して、英語訳では「しまった！」と表現され「Where to this time?」が繰り返される印象的な文章になっています。このように、日本語の絵本では、語り口調や表現が豊かで、さらにオノマトペの多用による情緒的な表現が特徴です。一方、英語の絵本では、「But he was still hungry」や「Where to this time?」と耳に残るように繰り返し表現があります。これには説明的で子どもにも真似がしやすく、わかりやすい表現が特徴としてあるようです。それぞれの国の言語や文化の違いもあるようですが、AVTではこのような教育的な教材として、絵本を活用することがあります。

　また、絵本には、日常でなじみのない語彙や、表現がたくさん使われています。まだ聞こえが十分育っていない時期から、毎日読みきかせをすることで、より多くの文章に触れることができ、日常では聴くことのない書きことばの語彙や表現の中に含まれる音韻・音素を繰り返し聞かせることができるのです。

　幼児期から毎日、絵本に親しむ活動を続け、本好きな子どもに育てることは、読解力を育て、話されることばから書かれることばに移行する支えとなります。読みきかせのポイントは、最初から子どもに読み方を教えるのではなく、読みたいと思わせることです。子どもがページの中に書かれてある、くねくね線の記号（文字）を読み取りたいと思うように誘い、一緒に読む時間を楽しい活動としましょう。

1）自分のことばで語らせる

　AVT ではストーリー・リテリング（Robertson, Dow, & Hainzinber, 2006）といい、子どもは語り手の話を聴きながら、より耳を澄ませることで、聴く力を伸ばし、集中力や記憶力を伸ばします。また、能動的に語りを聴くことで、想像力や思考力が伸びてきます。聴く力が伸びてくると、語り手が話した単語や文章の一部を繰り返し言えるようになり、聴いたことばを発言できるようになります。そして、その内容を理解ができるようになると、自分のことばでお話の内容を話したり、説明できたりするようになります。例えば、お話の中で魔法使いが「ちちんぷいぷい、大きなリボンをつけた猫になーれ！」というセリフを言ったとします。何度も繰り返し話を聴くにしたがって、「ぷいぷい　なーれ！」が、「ちちんぷいぷい　猫になーれ！」、「ちちんぷいぷい　リボンをつけた猫になーれ」と次第に、物語の口調や、ことば通りのセリフが言えるように変化をしていくのです。そして、語りの中で聴いたことばの意味がわかるにつれて物語への理解が深まり、日常の中で猫を見たら「ちちんぷいぷい」と、まるで魔法使いのようにことばを使い、それに伴い話しことばも発達していきます。この方法は、親子や子どもの身近な人との間で、絵本を使って簡単に家庭で行うことができます。物語の語りに合わせて挿絵や人形やおもちゃを使うと、子どものやる気や興味がさらに沸き、聴覚記憶が磨かれていきます。このような、語り読みの方法から次第に対話型の方法へ移行することで、子どもの聴覚記憶の向上を図り、聴覚的注意時間の持続時間をさらに延ばすことができます。

2）読み進めるためのサポートをする

　AVT では、"Guided Reading Coaching Tool" の中で、子どもの本読みのサポートで使えるスキルをいくつか紹介しています（Byrd & Westfall, 2002）。子どもは、大人と一緒に読書を楽しみ、その体験を共有することで、さらに楽しい読み方を学びます。

　例えば、子どもと一緒に本を読みながら、**表 6-4** のような質問をします。この質問をすることで、子どもと話し合う機会を作ることができます。子どもたちが読んでいる本の内容を正しく見ているのか、正しく聞こえ、正しく意味が通じているのかが確認できます。読書中に質問を繰り返したり、速度を落として読んでみたり、必要な部分や聞き取りにくかった部分を聴覚的強調などのテクニックを使いながら読み進めていきます。一緒に本を読む前に、子どもと話し合いたい部分に付箋などをつけておくのもよいでしょう。また、読み進めるうえでのポイントは、子どもに質問することよりもコメントを多くすることが望ましいとされています。それによって読むことに関心をもち、喜

んで読むようになるからです。

表6-4　ガイド・リーディングでの質問内容

〈子どもに本の扱い方を教える時のことばがけ〉
・この本の表紙はどこかな？
・あれ？　どっちから読んだらいいのかな？
・この本はなんていう題名なのかな？
・さあ　本を開いてみよう！
・どこから読むのかな～
・最初に読んだ文字はどーれだ？
・あれ？　どちらのページに進めばいいんだっけ？
・この行を読んだら次はどこの行に移るのかな～　　　　など

〈子どもに挿絵を見せながら質問する時のことばがけ〉
新しい挿絵が出てきたらゆっくり見る時間をつくる
・あれ？　この絵はなんだろう？
・そうだ！　この人をどんな名前で呼んでみる？
・この人はどう思ったのかな～　（登場人物ごとに尋ねてみる）
・見てみて　これは何を考えているのかな？
・ここはどこだろう？
・次はどうなるかな～
・困ったね～　どうしたらいいのだろう　　　　　　　　など

〈内容を理解するための背景知識の使い方を教え、視覚的な手掛かり、語彙、文章構造に気づかせる時の質問〉
子どもに教えたい新しい単語や文章を選んで
・この〇〇ってどういうこと？
・これってどういう意味だろう？
同義語・類義語などを見つける
・このことばよりもっと意味がわかりやすい言い方って教えて？
・このことばの反対って知ってる？
　　（わぁおおきいリンゴだね！　こっちは…「　　」と誘導する）
内容がわかっているかどうかを尋ねる
・もし〇〇と言い換えたら、どうなると思う？
・ふつうだったら、こんな時はなんて言うのだろう？
・このお話を聞いた時、どう思った？
・これってどんなお話だったの？　　　　　　　　　　　など

3）一緒に声を出して本を読む（シェア・リーディング）

　読みきかせは本を上手に読むことができるためのスキルを磨くうえで最も重要な活動の1つです。読みきかせながら、子どもたちと一緒に声を出して本を読みます。読むことは楽しいことであり、要求されたりするものではありません。まだ十分に読むことの準備が整っていない場合は以下のような方法を参考にしてください。

①対話型読みきかせ（ダイアロジック・リーディング［Whitehurst et al., 1988］）

　日本では読みきかせというと、大人が絵本を開いて読んできかせ、子どもたちはじっとそれを聞いているという状態ですが、対話型読みきかせは子ども参加型の読書体験で大人が子どもと積極的なやり取りをしながら読みきかせる方法です。この読みきかせの基本的なやり取りは頭文字をとって PEER と呼ばれています。

● PEER

・Prompt（促進）：物や出来事に名前を付けたり、簡単な 5W1H（何、誰、どこ、いつ、なぜ、どのように、など）の質問をして、子どもからの発語を促します。

・Evaluate（評価）：子どもの発言に相槌をうったり、子どもが何について褒められているのかがわかるように褒めます。この時、子どもの意見を否定しないように、子どもが考え発言したことを認めます。

・Expand（拡張）：子どもに追加の質問をしたり、話題を広げたり、情報を追加したりします。また、機能や属性についての詳しい質問や説明、オープンクエスチョンをします。

・Repeat（反復）：子どもの理解を促すために子どもの発言を繰り返し、子どもに親の発言を繰り返すように促します。この時、未知の単語や大切なことを繰り返したり、要約することを意識します。

（実践例）

子ども：（絵本の中の犬を指さして）みてみて！　わんわん！

親　　：（評価）本当だね　わんわんがいるね！

　　　　（促進）かわいい犬だね！　何をしているのかな？

　　　　犬はなんて吠えるのだっけ？

子ども：ワンワンってなくよ

親　　：（反復）そうね　犬はワンワンって吠えるのね

　　　　（拡張）おばちゃんの家にも犬がいるよね　白い犬だよ

　　　　（促進）名前ってなんだったかしら

　日本ではまだ馴染みのない読み方ですが、子どもと絵本を通してやり取りをすることで、会話力やクリティカル・シンキング（批判的思考力）を育てることができる効果的な方法です。

②４マスフレーム法

（４スクエア・テクニック［Moore, Perez-Mendez, & Boerger, 2006］）

　主に教育機関で書きことばを学ぶ時に利用する視覚的なフレームワークです。特にブレインストーミングなど自分の考えを構造化する時に使います。**図6-5**のように１枚の紙に等しい４つのフレームを書き、中央にキーワードを示します。それぞれのフレームに関連することばを記します。この方法は言語レベルやカリキュラムを超えて多用できます。AVTでは、この方法で子どもが好きな本を読みきかせする様子をビデオで撮影し、その後、親はAVT療育者と一緒にディスカッションをします。観察記録（**表6-5**）に、親と子どもの良かった点と、親と子どもが次に取り組むべきステップを記録していきます。ここで使用するテクニックはAVT療育者が日々のセッションで使用し親にコーチングしたものです。

・登場人物は誰がいた？

・シンデレラはどんな気持ちだった？

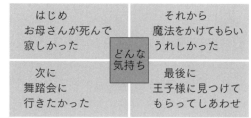

図6-5　４マスフレーム法での読みきかせ

表6-5　観察記録例

	良い点	次の目標
親	子どもが知っている文字を指し示した 感情を込めて読めた 子どもが応答することを待てた	物語を子どもの日々の生活に関係付けながら、お話がどう終結するかを予測させ、お話をもう一度話すように誘う
子ども	ページをめくって熱心に見る いろいろな質問をする 絵を指さす	物語に出てきた単語を使って穴埋め問題をする、何かのきっかけから物語について語る、あらすじを話す

　以上のように、本を使って読み書きの練習をすることをAVTでは推奨していますが、読む材料は本に限ったことではありません。私たちの生活には様々な読み物が溢れています。

　実用的な読み物から娯楽的な読み物まで、生活の中にある様々な文字を読み、内容を理解する機会はたくさんあります。

　例えば、辞書・お店のメニュー・電車やバスの時刻表・お菓子の箱や飲み物のラベルや表示・商品カタログ・機器の取り扱い説明・遊園地・動物などの会場案内図・映画などのパンフレット・チラシ・広告・プラモデルやおもちゃなど組み立て説明書・料理や菓子のレシピ・折り紙などの作り方・ゲームなどの攻略本・掲示板やメモ・手紙・インターネット、などです。

　このような読み物を使って、お子さんの読解力を日々高めていくことができます。

　子どもは、聴こえるから話す

　子どもは、聴こえたことを話す

　子どもは、聴こえたように話す

　子どもは、聴こえたように読み書きする

（3）書くための指導

1）一緒に書く（シェア・ライティング）

　Graves（2003）は、子どもは読もうとする、あるいは読めるようになる前に、文字を書くことがよくあると示しています。この書くという経験こそが読めるようになりたいという気持ちを刺激すると説明しています。落書きは最初のステップです。Graves は、読むことと書くことは相乗効果をもたらし、それぞれが互いの特徴を生かせるように作用すると指摘しています。

2）LEB（体験本・絵日記）の活用

　日本では絵日記を連想しますが、AVT では体験本（Language Experience Book: LEB）といい、子どもに読み書きの相互関係を理解させるアプローチとして使用します。全ては体験から始まるこの活動は、子どもが自分の視点から何が起こったのか、何をしたのか、どこに行ったのか、どう思ったのかなどを絵や写真や文字で記し、それについて読んだり話したりすることができます。AVT では親子で一緒にこの活動をすることで子どもの関心を育て、出来事、概念、感情など、それらを表すことばを促すための優れたツールにします。いくつかの方法を紹介しましょう。

①環境音、生活の中にある音を記す

　洗濯機やカーテンを閉める音、玄関チャイムなど家の中にある音を探したり、散歩の時に見つけたり、出会った音を記しましょう。音の正体の写真を貼ったり、絵を書いて

もよいでしょう。その音に関係のある事柄を一緒に書いておくと後から見た時に、音の記憶と事柄がつながって対話を広げることができます。

　例）踏切の絵…カンカンという音を見つけたよ！（**図6-6**）

　「カンカンって聞こえたね。止まって、あぶないって遮断機が下りたね」「ピカピカ赤いランプが光ったよ」「ガタン・ゴトンって電車が通ったよ、特急電車かな？　早かったね」など、後から読み返して子どもと対話をしましょう。また、書かれたLEBを使って子ども自身が、他の人に話をすることができます。

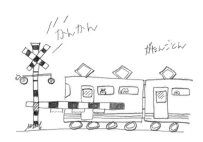

図6-6　踏切のLEB

②子どもの周りにいる人物や物を記す
　おばあちゃん、近所のパン屋さん、病院の先生など、自分の周りの人の写真などを貼って会話をしてみましょう。

　例）病院の先生…「○○ちゃんのお耳の先生ね、○○先生って名前なの」「○○先生は眼鏡をかけているんだね、パパと一緒よ」「人工内耳が壊れていないか、検査をしてくださるのよ」など、先生の名前、病院の名前、人工内耳、補聴器、調整をする、検査をする、やさしい先生、おひげの先生などの語彙を広げることができます。

③夕食を食べる、お風呂に入る、歯を磨くなど毎日のルーティンを記す
　子どもが実際に行う日課を切り取って写真を撮ったり、絵に書いて対話を広げます。

　例）お風呂（**図6-7**）…服を着る・脱ぐ、体を洗う、髪を洗う、シャンプーで洗う、湯船につかる、温まるなどごっこ遊びのように使いましょう
　　＊人工内耳や補聴器は外して入ることが多いので、プールや、お風呂で使用する語彙は聞こえないことが多いものです。LEBで会話を広げましょう

図 6-7　お風呂の LEB

④動物園に行ったこと、旅行に行ったこと、スーパーに買い物に行ったことなど
　体験した出来事を記録し、内容や場所や感じたこと、思ったことなどを書く
　絵日記でおなじみの、いつ、どこで、誰と、何を、どうしたなどを書きます。
　お子さんの目線で書くと、後から見直したときに会話がはずみます。
⑤本、映画などを見て思ったこと、記憶に残ったシーンなどを書く
　読んだ本の内容や印象に残った絵や文章を書きます（**図 6-8**）。

図 6-8　本の思い出に残ったシーンや文章を書く

⑥ごっこ遊びなどに使う資料を一緒に書く
　お店屋さんのメニュー、料理の作り方、旅行の予定などを書きます（**図 6-9**）。

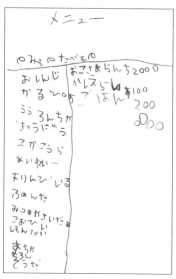

図6-9　お店屋さんのメニューを書く

　子どものために作成されたLEBは、物語とその言語を記憶することで、記憶力が養われ、読み書きのスキルが向上します。また、自分の体験を自分のことばで話すことで、ストーリー・リテリングのスキルを身に付けることができ、体験した出来事や、見聞きした事柄の語彙を使うことで語彙力が身に付きます。

　LEBでは子ども自身の体験・経験について書かれているので、親が質問しやすく、物語の流れ、事実の想起、感情、予測について話し合うことができます。繰り返し読むことで、流暢に音読する力を養うこともできるのです（Robertson, 2014）。

6 ｜ さいごに

　私たちの身の周りにはスマートフォンなどのモバイル機器、ゲーム機をはじめ、インターネットが普及し日常生活には欠かせない物になっています。学校教育でもタブレットやIT機器を使用した授業展開が進んできています。小さな子どもには家事の合間の子守り役として使ったり、病院の待ち時間や、電車や車の移動中のちょっとした待機時間に使うなど便利な面もありますが、子どもに使わせることが良いのかどうか、またその使用法に関する問題がますます身近になってきています。

　しかし、忘れてはならないことは、子どもの言語発達には、実際の世界で対話している内容に情緒的なつながりがあることが重要ということです。特にAVTが大切にして

いることは、使用する媒体に関係なく、大人が子どもと一緒に体験、経験をしながら、質の高い対話をすることです。難聴児たちに関わる大人は、テクノロジーに注目するよりも、子どもたちが学習する内容に関心をもち、様々な方法で理解を促し、やり取りできるように自らの感性を磨く必要があります。今後ますます多様化する社会の中でも、意欲的かつ達成可能な学習目標を立て、子どもの自然な発達段階を踏まえた、効果的な取り組みを行い、意図的に AVT を実践することが最大限の効果を生み出すのです。

　十分に育った読み書き能力は、人間の知識の積み上げ、仕事の選択肢の拡大、創造性、個人の成長、そして人生の楽しみをもたらします。読み書きは思考するための重要な手段であり、難聴があっても読み書きを習得する能力をもち、それを学ぶ権利をもっているのです。

　現在、幼少期から話されることばを聴き、それを使って他者と話しことばでやり取りする機会が得られた聴覚障害者は、コミュニケーションの問題にほとんど直面することなく、医師、弁護士、心理学者、情報技術の専門家、教師など様々な専門家として社会で活躍しています。AVT は、難聴児が話しことばの基盤となる確実な知識を育てることを促進し、生涯にわたって、言語とその意味を発見し学習するための読み書き能力を獲得することを目指しています。AVT のこの実践は、海外では広く使われる実践なのです。

引用・参考文献

天野清（1985）．子どものかな文字の習得過程．秋山書店．

天野清（1987）．音韻分析と子どもの literacy の習得．教育心理学年報，**27**，141-164.

Byrd, D., & Westfall, P. (2002). *Guided reading teaching tool*. Peterborough, NH. Crystal Springs Books.

Carson, K. L., Gillon, G. T., & Boustead. T. M. (2013). Classroom phonological awareness instruction and literacy outcomes in the first year of school. *Language, Speech, and Hearing Services in Schools*, 44, 147-160.

エリック・カール　もりひさし訳（1969）はらぺこあおむし．偕成社．

Gathercole, S. E. (1999). Cognitive approaches to the development of short-term memory. *Trends in Cognitive Science*, 3, 410-419.

Cats, H. W, & Kamhi, A. C. (Eds.). (2005). *Language and reading disabilities* (2nd ed.). Boston, MA. Allyn & Bacon.

五味太郎　ロバート・キャンベル訳（1982）．きんぎょがにげた．福音館書店．

Graves, D. (2003). *Writing: Teachers and children at work* (2nd ed.). Portsmouth, NH. Heinemann.

Hart, B., & Risley, T. R. (1995). *Meaningful differences in the everyday experience of young American children*. Baltimore, MD. Brookes.

Hart, B., & Risley, T. R. (1999). *The social world of children learning to talk*. Baltimore, MID. Brookes.

Huttenlocher, P. R. (2002). Neural Plasticity: The Effests of Environment on the Development of the Cerebral Cortex. p. 57. Harvard University Press.

Moore, S. M., Perez-Mendez, C., & Boerger, K.（2006）. Meeting the needs of culturally and linguistically diverse families in early language and literacy intervention（pp. 29-70）. In L. M. justice, *Clinical approaches to emergent literacy intervention*. San Diego, CA. Plural.

加藤映子（2020）. 思考力・読解力・伝える力が伸びる ハーバードで学んだ最高の読み聞かせ. かんき出版, p. 29.

Price, I, H., & Ruscher, K. Y.（2006）Fostering phonological awareness using shared book reading and an embedded-explicit approach. In A. van Kleeck, *Sharing books and stories to promote language and literacy*（pp. 15-77）San Diego, CA. Plural.

Robertson, L., Dow, G., & Hainzinger, S.（2006）Story retelling patterns among children with and without hearing loss: Effects of repeated practice and parentchild attunement. *Volta Review, 106*（2）, 147-170.

Robertson, l.（2014）. *Literacy and deafness: Listening and spoken language*（2nd ed.）San Diego, CA: Plural.

Scarborough, H.（1989）. Prediction of reading disability from familial and individual differences. *Journal of Educational Psychology, 81*（1）, 101-108.

Schuele, C. M., & Boudreu, D.（2008）. Phonological awareness intervention: Beyond the basics. *Language, Speech, and Hearing Services in Schools, 39*, 3-20.

Whitehurst, G., Falco, F. L., Lonigan, C. J., Fischel, J. E., DeBaryshe, B. D., Valdez- Menchaca, M. C., & Caulfield, M.（1988）. Accelerating language development through picture book reading. *Developmental Psychology, 24*（4）, 552-559.

Yopp, H. K., & Yopp, R. H.（2006）. *Literature based reading activities*（4th ed）. Boston, MA. Pearson Education.

第 7 章

AVT とインクルージョン

伊藤泰子

1 | きこえにくい子どもの学びの場

小・中学校におけるきこえにくい子どもの教育選択肢として、聴覚特別支援学校（聾学校）、聴覚特別支援学級（難聴級）、または通常級における難聴通級指導教室の利用などがあります。個々の子どもの教育的ニーズに合わせて最適な選択をすることが重要です。AVT 基本原則 10 ヵ条の 1 つに、未就学の段階から必要な支援を受けつつ、きこえる子どもたちと同じ教育環境で一緒に学ぶことが挙げられています。文部科学省の令和 2 年度の資料によれば、公立小学校の難聴級および通級の児童数は、聾学校の小学部児童数に並んでいます。これは、多くのきこえにくい児童生徒が地域の小中学校に在籍していることを示しています。一方で、本邦ではインクルーシブ教育システムの構築が提言されてから久しいですが、欧米諸国のような、子ども一人一人が希望する言語・コミュニケーション手段に合わせた支援を提供する環境の整備はまだ進んでいません。

そこで本章では、音声日本語を聞いて話す手段として使用するきこえにくい子どもたちのための教育的対応として必要とされる一般的な配慮と工夫について紹介します。主に小学校を例として説明しますが、通園・通学先の状況に照らし合わせてお読みください。

2 | 就学前の学習準備

Kritzer（2009）によれば、小学 1 年生を担任する教師の多くは、言語ベースで算数を教えるにあたり以下のような能力を期待していると報告しています。

・日常生活で生じる簡単な文章題を解ける。
・「2、4、…」「3、6、…」のように 2 つ飛ばし、3 つ飛ばしなどで数えられる。
・数を比べられる。
・2、3 桁の数字を読み書きできる。
・足し算、引き算ができる。
・形や大きさなどの特徴を識別、比較、定義、分類できる。
・量的関係（部分と全体、パターンなど）を認識する。
・ある一定の間隔には規則性があることを理解する。

また、担任の多くが 1 年生に期待するソーシャルスキルには、次のようなものが報告されています（Lane et al., 2010）。

・先生の援助を待っている間の時間を適切に使う。

・先生やクラスメートと衝突しても、怒りをコントロールできる。

・先生の指示に従い、言いつけを守る。

・先生の指示に注意を払い、時間通りに教室に来る。

・クラスメートに押されたり、叩かれたりした時に自制できる。

・指示が必要な時には、自ら知らせる。

・授業中にクラスメートが邪魔をしても無視することができる。

・活動によって変わる教室移動を容易に行う。

・自分とは違う面をもつ人と仲良くすることができる。

これらのスキルは、幼稚園で求められる基本的な自助スキル、例えば衣服の脱ぎ着やお片付け、おやつの準備や配膳などのスキルよりも高度なものです。なお、読み書き能力と話しことばの能力はここには含まれていません。

発達には個人差があります。ここで挙げられたことを全てできなければいけないとは考えず、あくまでも目安としてご覧ください。

3 | 教育内容・方法

ききとりにくさに起因する情報不足を補い、安心して音声情報を獲得するための工夫をします。補聴器・人工内耳を装用していても、騒音が多い教室環境では、情報を聞き落とす可能性があることを念頭においてください。

（1） 座席の配置

先生の目が届きやすいからと最前列に座っているケースをよく見かけますが、先生の声が届きやすく前列のクラスメートの様子を見ながら行動できる点で、前から 2、3 列目が良いといわれます（**図 7-1** の左の例）。逆光にならず黒板が見やすい、聴力に左右差がある場合にはきこえやすい側に先生が立つことが推奨されます。また話し合い活動のように発言者が頻繁に入れ替わる授業では、誰が発言しているのかを確認しやすいように机をコの字型の並びにする方法もあるでしょう。補聴援助システムを使用するのであれば、音源からの距離の問題は改善されるので選択肢は広がります（（5） 補聴援助システムの利用の項を参照）。

いつも同じ席であることへの不満や席替えの楽しみもあるでしょうから、本人の意向もふまえて考えていくことが大切です。

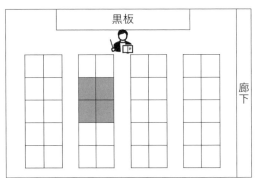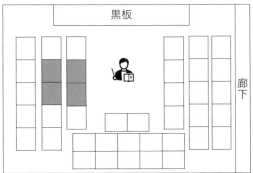

図 7-1　一般的に推奨される座席（左）と話し合い活動のコの字型（右）での例

（2）わかりやすい話し方・伝え方

　教室での指導において、次のような方法は全ての子どもたちの理解を深めるのに役立ちます。

- ・教師は自身の顔や口元が子どもから見えやすい位置に立つようにする。板書や説明をする際に、子どもに背を向けたまま話さない。
- ・話し始める前に、全員を話し手に注目させる。
- ・子どもたちが聞き取りやすい位置や距離、話者の音量を考慮する。場面によっては聞き取りやすい場所に移動できるようにする。
- ・実物や図、絵などの視覚情報を活用しながら話す。次に何が起こるかを予測できるように指示や要点を書き出して提示し、正しく聞き取ったかどうか確認する（（7）伝わっているかどうかの確認の項を参照）。
- ・発表する時は誰が発表するかわかるようにし、子どもの質問や答えを教師が復唱したり言い直したりする。
- ・新出語句は何度も繰り返す。
- ・聞きながら書き取ることに困難さがあるため、話を聞くことと書くことを分けて授業を展開する。
- ・必要に応じて動画に字幕をつける。字幕がない場合は、再生の前に内容を印刷して渡したり説明したりする。
- ・グループ学習や話し合い活動の場面では、同時に発言することがないように進行する。話し合いの内容を書いて提示する。必要に応じてグループで静かな教室に移動する。
- ・チャイムや校内放送が始まった場合は、放送が終わるまで話さない。放送内容を教

師が復唱する、または言い直す。

（3）音楽・外国語の授業での配慮

　きこえにくさはあっても音楽が好きな子どもはいます。正しい音程や技法などでの評価の前に、音楽を楽しめることが大切です。許容できる音量や、合唱や合奏ではどのような形であれば参加できるのか、本人とよく話し合ってください。

- ・合唱や合奏では演奏の出だしと終わりの合図をわかりやすく送ります。
- ・指導用 CD からの聞き取りよりも肉声の方が聞き取りやすい場合があります。歌の鑑賞や歌唱の際には歌詞を掲示し、今どこを歌っているのか歌唱箇所を明示します。
- ・器楽では、肩をたたくなどしてリズムを捉えます。同じ楽器を演奏するクラスメートとペアを組んで手元が見えるようにすることで、リズム合わせをしやすくすることができます。

　外来語として日常生活の中にカタカナ言葉で定着している外国語の単語が多くあります。これらの単語の知識は、外国語学習の聞き取りの助けになります。リスニングでは、指導用 CD の音質・音量調整や聴取場所の変更、文字による代替問題の用意を検討します。自分にとってどのような方法が有効かを把握して実施しておくことで、資格試験や受験の際の代替手段として申請しやすくなります。英検や大学入学共通テストで利用可能な受験上の配慮や代替手段を参考にしてみてください。

（4）視覚的教材・板書の工夫

　次のような方法は、教室にいる全ての子どもに有効な情報保障手段になります。

- ・カードや拡大コピー、写真、ビデオ、絵、具体物などの視覚的な教材を利用する。
- ・わかりやすい板書：学習のめあて、これからやることの流れやポイント、発言者の名前と発言内容のキーワード、新出語句や同音異義語を明確に表示する。
- ・デジタル教科書や ICT 機器を用いて、音読箇所や学習箇所を明示する。
- ・運動競技での音による合図を手旗やホワイトボードなどで視覚的に示す。放送などの音情報を視覚化して伝える。

（5）補聴援助システムの利用

　一般に背景雑音に対して話し声が大きいほど、聞き取りやすくなります。背景雑音が大きければ、話し声は雑音に埋もれてしまい聞き取りにくくなります。補聴援助システ

ムは、騒がしい場所、反響する場所、話し手との距離が離れている場所といった補聴器・人工内耳が苦手とする場面でも、話し手の音声を優先的に耳に届きやすくするシステムです。メーカーによって商品名は異なりますが、教育現場ではデジタル無線式補聴援助システムが主流になってきています。その他には映画館や公共施設に設置されている磁気誘導ループ（ヒアリングループ）式や、赤外線式、FM式などのシステムも利用されています。

　補聴援助システムは、ワイヤレスマイクとしての役割を果たす送信機と、補聴機器に取り付けるか内蔵されている受信機の2つのデバイスから成り立っています。使用している補聴器や人工内耳装置の種類によって、利用可能な補聴援助システムの選択肢は異なります。購入にあたって、補聴器向けのシステムはFM式と同様に補装具費として認められるようになってきました。一方、人工内耳向けのシステムは特例補装具としての取り扱いとなることがあります。自治体によって障害者手帳の取得の有無で助成の内容も異なりますので、購入を検討される際には、お住まいの市区町村の申請窓口や医療機関・販売店・きこえに関する相談機関にご相談の上、必ず学校や騒音下の生活環境で試聴して有効性を確認してください。

　また学校で使用するにあたっては、以下のような使用方法や管理のルールについて確認が必要です。

- ・子どもが所有している機器を持参するのか、それとも学校が送信機を用意するのかを明確にします。子どもが持参する場合には、充電や故障時の対応ルールを確認しておきます。
- ・送信機を使う可能性のある担任や教科担当教員には、基本的な使い方（電源のオンオフ、適切な装着位置、ミュート機能、テーブルマイク機能など）を習得してもらい、全体へ利用の周知を行います。
- ・全ての授業で使用するのか、特定の授業のみで使用するのかを決めます。
- ・将来を見据えて「（補聴援助システムの名前）を使ってください」のような教員への送信機使用依頼を子どもにさせるかどうかを検討します。

　子どもによっては、学年が上がるにつれて他の児童生徒と違う扱いを受けることや教科担任が変わるたびに依頼することを嫌がって、補聴援助システムの利用を拒否するようになってくる場合があります。教員の声がダイレクトに届くかわりに、補聴器や人工内耳装置に備わった標準のマイクが拾う比率が下がることで周囲のクラスメートのなにげないやりとりがききとりにくくなり、使わないほうがよいと感じることもあるようです。ミュートのかけ忘れで不要な音声が入り続けていても、使ってくれている先生への

遠慮もあって黙っていることも少なくありません。利用を開始してからも折に触れて、本人の授業でのききとりの様子、適切に使用できているか、利用の効果を感じているか、本人の意向などをふまえて利用の継続について見直しをはかってください。

（6）情報保障の配慮

　ノートテイクやパソコン要約筆記などを配置する大学は少しずつですが増えてきています。一部の自治体では小学校でもこれらのサポートを配置している事例があるようです。きき漏らしやきき間違いを確認するために、ノートテイクよりも情報量が多いパソコンノートテイクを希望されるかもしれません。ただし、自分が聞いている内容と文字情報の表示がずれることがあるため、両方を整合させるのに疲れることがある点は考慮が必要です。昨今では、ICT 機器を使った音声文字変換の変換性能も年々向上しています。マイクと音声認識、文字変換アプリの組み合わせは、有料・無料、多種多様です。文の切れ目での自動改行機能があると、より読みやすくなるでしょう。

（7）伝わっているかどうかの確認

　情報が正確に伝わっているかを確認する際、「聞こえましたか」や「わかりましたか」という問いかけだけでは不十分です。なぜなら、多くの場合、補聴器や人工内耳を装用している子どもたちは音としては聞こえているので、往々にして「聞こえました」「わかりました」と答えがちです。しかし、それが正確な情報として理解されているかは別問題です。指示や情報を正しく聞き取ったかどうかを確かめるには、例えば明日の持ち物に関する指示を出した場合、「何の話をしましたか」「何を持ってくると言いましたか」「それは、いつ持ってくると言いましたか」などのように具体的な内容について尋ねることで、情報が正確に伝わっているかを確認することができます。

（8）ヒアリング・ストラテジーとコミュニケーション・ストラテジーの活用

　相手の話が聞こえなかったりわからなかったりした場合のコミュニケーションスキルの 1 つが「訂正方略」です。聞こえなかったり聞き取れなかったりした時にうやむやなまま流したり、漠然と「きこえない」と伝えたりするのではなく、聴き取り能力とコミュニケーション能力を高めるための方略（ヒアリング・ストラテジー、コミュニケーション・ストラテジー）として、以下のような手立てがあります（大沼, 2020）。幼児期に指導する「もう一度言ってください」のその先の目標として、見据えておくとよいでしょう。

①話し手と周囲の状況をよく見る

②何が話題なのかを知る

③話し手にハッキリと話すように頼む

④話し手が誰なのかがわかるようにする

⑤聞き逃しや聞き間違いを修正していく（訂正方略）

　　繰り返し何度も聞き返すだけの行為は、年齢が上がるにつれていつも受け入れられるものではありません。子ども自身が次のような具体的な方策をとれるようになることを目指しましょう。

・相手が言ったことばがそれで正しいかどうかを、聞こえた通りに復唱してみる。

・聞き取れなかった単語の1つ前の単語を、「（聞き取れた単語を）〇〇？」と質問調で繰り返してみる。

・より具体的に「〇〇ですか？」などと質問してみる。

・「それは別の言い方でいうとどうなりますか？」などと尋ねてみる。

・聞き取れなかった単語のつづりを教えてもらう。

⑥話し手に対して積極的に反応を表す

⑦聞きやすい見やすい環境を選ぶ

⑧問題を見出しその解決に向けて相談できるキーパーソンの協力を得る

4 ｜ 支援体制

（1）専門性のある相談先につながる

　昨今では様々な情報がネットから入手できる利便性の一方で、わが子にとって必要なものは何かを検討するには情報が多すぎて決め手に欠けるといった現状も見受けられます。そのような場合には、正しい情報をもっている専門機関に相談した上で、必要に応じて他の関係機関にも相談していくのがよいでしょう。かかりつけの耳鼻科や補聴器販売店があると、補装具費の申請や合理的配慮の申請に必要な書類の作成について、支援を求めやすくなります。通園先・通学先での支援については、地域の発達支援センターや聴覚障害の特別支援学校で地域支援を担うセンター的機能、きこえの通級、難聴支援学級による助言が得られます。学校の場合には、在籍校の支援教育コーディネーターを介して問い合わせるとスムーズです。

（2）　難聴理解授業・難聴理解研修

　入園や入学、クラス替えのタイミングで、使用する補聴機器や多様なコミュニケーション手段について、周囲の子どもたち、教職員、保護者に説明し理解を深めることは有効な手立てです。補聴器が珍しくて触りたがる幼児でも、説明があれば思いのほかすんなりと受け容れてくれるものです。年齢があがるほど、「きこえにくさをわざわざ知られたくない」「補聴機器の使用は隠していたい」「困っていないから必要ない」など、理解を得ることに消極的になっていきがちです。子どもたちが自分の状態や感じていることを自分のことばで語れるように指導することは、子どもたちの自己認識やアイデンティティの形成にもつながります。

（3）　災害時などの対応

　放送による避難指示を聞き取ることが難しい子どもに対して、避難指示や誘導の際に使用するイラストボードや筆談ボードを用意して、交流に行く教室にも常備しておくとよいでしょう。災害時に通園通学先に長時間滞在することが余儀なくされた場合に備えて、補聴機器の予備電池は常に携行するようにします。人工内耳装置の充電池には、器種によっては USB 対応充電器もあります。

（4）　個別の指導計画と個別の教育支援計画

　文部科学省が定める小学校学習指導要領の第 1 章総則に、個別の支援計画について以下のように記述されています（文部科学省，2017a，2017b）。
　「障害のある児童などについては，特別支援学校等の助言又は援助を活用しつつ，例えば指導についての計画又は家庭や医療，福祉等の業務を行う関係機関と連携した支援のための計画を個別に作成することなどにより，個々の児童の障害の状態等に応じた指導内容や指導方法の工夫を計画的，組織的に行うこと。特に，特別支援学級又は通級による指導については，教師間の連携に努め，効果的な指導を行うこと。」
　子どもが現在所属している園・学校における、一人一人の子どもの指導目標や内容、配慮事項などを示して、教職員の共通理解の下にきめ細やかな指導を行うための計画が、「個別の指導計画」です。また、学校生活だけでなく家庭生活や地域での生活も含め、長期的な視点に立って幼児期から学校卒業後までの一貫した支援を行うために、関係機関と連携して様々な側面からの取り組みを示した計画が、「個別の教育支援計画」です。

今現在実施されている指導や必要と考えられる支援が、子どもが社会に出た時の将来像を見据えた目標に向かっているものであるか、教育支援計画そのものではなくても、相当する内容を関係機関で共有していきたいものです。

（5）心理的な配慮と教育的支援

　言語獲得途上にある時期には、教科学習の課題とは別に、コミュニケーションが円滑に行えないことによる対人関係の課題も生じやすくなります。例えば、周囲の何気ない会話を小耳に挟むことの困難さから、なぜ今みんなが笑っているのかわからない、自分のことを悪く言っているのではないか、空気を読めと言われても状況がわからないなど、孤独感や疎外感を感じたり自分についてマイナスなイメージをもったりしてしまうかもしれません。「わからないことがあればなんでも訊いて」と言われても、そもそも何の情報を聞き落としているのかがわからなければ、"わからないことがわからない"状態になりかねません。また、きこえる子どもが周囲の大人の様子から自然に身に付けていく、礼儀作法でのことば、敬語、一方的に自分の話をするのではなく会話はキャッチボールであることなど、社会的な常識・マナー・人としての心育てといった社会にでてからの姿を見据えた指導にも、目配り心配りは必要です。

5 ｜ 施設・設備

（1）教室環境

　騒音下での聞き取りにはより多くのエネルギーを費やし、パフォーマンスが低下しますから、背景雑音を可能な限り減少させることが求められます。机や椅子の脚にカバーをつけることで、引きずられる時のノイズを軽減してくれます。廃テニスボールを加工した再利用についてはアレルギー物質の指摘があるため、市販の脚キャップをお勧めしています。その他に、窓やドアを閉める、使用していない電気機器の電源を切る、空調システムの運転を止めるなども効果があります。

　体育館や広いホール、昇降口、階段の踊り場などは音が反響しやすく、聞き取りにくくなります。天井や壁、床を音が反射しにくい材質の物にする、床にカーペットを敷く、窓にカーテンをかける、壁にポスターやコルクボードを貼る、本棚に本を並べるなどが反響対策となります。

（2）校内環境

　校内放送は通常でも聞き取りにくい音質ではないでしょうか。特別支援学校でも、字幕放送受信システムが配置されているところはまだ少ないかもしれません。チャイムや防災ベルと連動したフラッシュランプの設置によって、情報が可視化されるようになります。

6 ｜ 配慮をどのように提供してもらうか

　改正障害者差別解消法により、2024 年 4 月 1 日から、公立・私立を問わず学校での合理的配慮の提供は法的義務になっています。合理的配慮の提供にあたっては、**表 7-1** のような概念があります（国立特別支援教育総合研究所，2020）。

表 7-1　教育分野における必要な支援の提供に関する概念

基礎的環境整備	合理的配慮の基礎となる環境整備。国や地方自治体が行う。
合理的配慮	各学校の設置者（地方自治体等）及び学校が、本人・保護者を含む関係者間の共通理解と合意形成に基づいて、個別に判断して行う。
環境整備	学校や担任が独自に工夫して児童生徒全体を対象に行う。
個別の配慮	合意なしでも実施される、その子どもにとって必要な個に応じた配慮。

　表 7-1 の 4 つの支援の関係を**図 7-2** に示します。在籍する学校によって支援の提供内容、方法は異なります。ユニバーサルデザインの観点で環境整備を行うことは、きこえに関係なく全ての子どもたちに有効な支援となりえます。入学時だけの対応ではなく、子どもの年齢、能力等の変化によっても見直しが必要になるでしょう。個々の子どもの実態や教育的ニーズの視点で、必要なものを関連づけて整備していくことが求められます。

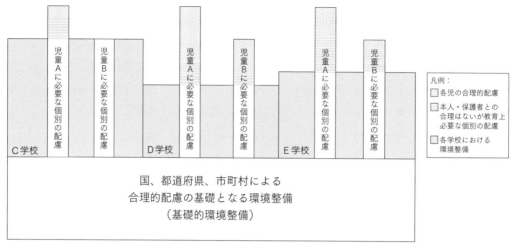

図7-2　児童A・Bが学校C・D・Eに通学した場合の
合理的配慮と環境整備の関係（国立特別支援教育総合研究所，2020）

凡例：
□ 各児の合理的配慮
□ 本人・保護者との
　合理はないが教育上
　必要な個別の配慮
□ 各学校における
　環境整備

児童Aに必要な個別の配慮
児童Bに必要な個別の配慮

C学校
D学校
E学校

国、都道府県、市町村による
合理的配慮の基礎となる環境整備
（基礎的環境整備）

7 ｜ セルフアドボカシーとレジリエンス

　かつてインテグレーションといわれた時代には、きこえる子どもと同じ場所で参加するために、きこえることを前提として構築された学校教育環境にきこえにくい子どもがいかに適応していくかが求められていました。現在の主流であるインクルージョンは、全ての子どもを包括して同じ活動に一緒に参加するために、必要な援助や配慮は保障されるという考え方です。自分に必要なサポートを自分で周囲に説明して理解してもらうためには、セルフアドボカシーは必須のスキルです。しかし自分の弱みと向き合い、時に前例がない配慮を求めていくことは容易ではありません。ストレスなどに遭遇しても適切に対応できるしなやかさ、レジリエンスもまた必要な能力です。地域の学校では、補聴器や人工内耳をつけているのは自分だけかもしれません。自分と同じようにきこえにくさを生まれもった子どもに会ったことすらないかもしれません。学習にさえついていけていればよいのではありません。もしもがんばることに疲れてしまったら、あなただけではない、あなたはひとりではないことを知るために、きこえの仲間がいる場所を訪れてみてください。

引用・参考文献
文部科学省中央教育審議会初等中等教育分科会（2012）．共生社会の形成に向けたインクルーシブ教育システム構築のための特別支援教育の推進（報告）．https://www.mext.go.jp/b_menu/shingi/chukyo/chukyo3/044/attach/1321669.htm（2023年10月7日閲覧）

独立行政法人日本学生支援機構（2015）．教職員のための障害学生就学支援ガイド．聴覚障害学生授業全般．https://www.jasso.go.jp/gakusei/tokubetsu_shien/shogai_infomation/shien_guide/index.html（2023 年 10 月 19 日閲覧）

川崎市立聾学校聴覚支援センター（2023）．きこえのサポートブック．

国立特別支援教育総合研究所（2020）．B-339 学校における合理的配慮及び基礎的環境整備に関する研究，6-22．https://www.nise.go.jp/nc/report_material/research_results_publications/specialized_research/b-339（2023 年 10 月 19 日閲覧）

Kritzer, K. L.（2009）. Barely started and already left behind: A descriptive analysis of the mathematics ability demonstrated by young deaf children. *Journal of Deaf Studies and Deaf Education*, *14*, 409-421.

Lane, K. L., Pierson, M. R., Stang, K. K., & Carter, E. W.（2010）. Teacher expectations of students' classroom behavior: Do expectations vary as a function of school risk? *Remedial and Special Education*, *31*, 163-174.

文部科学省（2017a）．小学校学習指導要領，第 1 章 − 第 4-2(7)，4.

文部科学省（2017b）．小学校学習指導要領解説総則編．

文部科学省特別支援教育課（2020），特別支援教育資料（令和 3 年度）．

大沼直紀（2020）．令和 2 年度国立特別支援教育総合研究所研修事業　難聴児の切れ目ない支援体制構築と更なる支援の推進に向けた全国研修会．基調講演　資料，7-9.

第 **8** 章

AVT のエビデンス

細谷　誠

1 | はじめに

　新しい治療方法や薬を開発する際にその有用性の根拠となる医学的な知見を「エビデンス」と言います（英語のエビデンス（Evidence）とは「証拠」の意味です）。例えば、「Aという病気に対して新しい治療法Xを使った患者さんと使わなかった患者さんを比較した場合、治療法Aを使った患者さんの方が回復が早かった」ということは、「治療法XがAという病気に対して有効である」というエビデンスになります。裏付けのある確かなエビデンスに基づいて治療や介入の計画を立てることにより、より良い医療とサービスを提供することが可能になるため、医学においてはこのエビデンスはとても大切にされています。

　本章では、AVT療育者がより良いアプローチを提供することが可能となるように、最近のAVTに関するエビデンス（例えば「AVT療育を行うことによって難聴児に○○の効果がみられた」など）をいくつか紹介します。療育者が最新のエビデンスに触れて、信頼性の高い研究結果に基づいて日々の介入を常にアップデートすることで、難聴児とその家族はより良い結果を得られます。また、エビデンスをまとめることは、難聴児の家族がAVT療育の有用性と価値を理解することの手助けにもつながります。

2 | AVT療育に関するエビデンス

　本来エビデンスには、その証拠としての強さからいくつかのレベルがあり、その解釈と結論付けには慎重にならないといけないのですが、本書の性質上、科学的な厳密さよりもわかりやすさを重視して紹介します。それぞれの研究の詳細や細かなニュアンスに興味のある読者の方々は、最後に示す各文献を参考にしてください。

（1）AVT療育の難聴児に対する言語能力や音声認識に関するエビデンス

　AVT療育に関心をもつ読者にとって、AVT療育によってどれくらい難聴児の言語能力や音声認識が良くなるかが、まず一番気になる点だと思います。言語能力や音声認識・語彙の発達の点で、AVT療育の難聴児に対する有効性に関していくつかのエビデンスがありますので、その点から紹介を始めましょう。

　まず、AVT療育に補聴方法（人工内耳または補聴器）や家庭の経済状況の与える影響のエビデンスから紹介します。Hogan et al. によって、補聴方法に関わらず、AVT療

育によって言語発達が進むことがわかっています（Hogan et al., 2008）。また、Hogan et al. は、家庭の経済状況によらず AVT 療育の効果が得られることを明らかにしています（Hogan et al., 2010）。このことは、AVT 療育が多くの難聴児に適応可能であることを示唆しています。

　続いて、具体的な言語能力と音声認識に関するエビデンスです。Dornan et al. によって一連の重要な報告がなされています。まず、9 ヵ月の AVT 療育を受けた難聴児は、発話と言語能力が健聴児と同等の成績であったことを示しています（Dornan et al., 2007）。また、21 ヵ月の AVT 療育を受けた難聴児は、音声認識、言語、発話スコアが著しく向上し、健聴児と同等であることを示しました。一方で、理解語彙は、AVT 療育を受けた難聴児は正常範囲ですが、健聴児と比べると少ないことも明らかになっています（Dornan et al., 2009）。さらに、AVT 療育を引き続き 50 ヵ月受けた難聴児は、言語、自尊心のレベルが、健聴児と同様であり、読解力と数学の成績も同様であると示されています（Dornan et al., 2010）。

　この他にも AVT 療育の有用性を示すエビデンスは多数あります。Fairgray et al. によって音声認識、発話、言語受容が AVT 療育によって向上すると示されています（Fairgray et al., 2010）。ここまでのエビデンスはいずれも海外からの報告になりますが、国内からもエビデンスがあります。南他は、日本でも適切な補聴と AVT 療育により就学時の良好な言語受容が得られることを示しています（Minami et al., 2021）。

　AVT 療育と他の療育方法との違いも気になる点だと思いますので、エビデンスを紹介します。Dettman et al. は、人工内耳装用児は、3 年後の時点で AVT 療育もしくは聴覚口話法による療育を行った場合の方が、手話・言語バイリンガルアプローチを行った場合に比較して音声認識および語彙の点で優れていたことを明らかにしています（Dettman et al., 2013）。Thomas & Zwolan も同様に、人工内耳装用児は、AVT 療育を受けた場合の方が他の療育方法に比較して、会話、言語および読解がより優れていたことを示しています（Thomas & Zwolan, 2019）。Percy-Smith et al. は、AVT 療育を受けた難聴児は従来の伝統的なデンマークの教育方法を受けた難聴児と比較して、有意に会話と言語の成績が良好であった、と報告しています（Percy-Smith et al., 2018）。彼らはこの報告の中で、全ての難聴児が少なくとも AVT 療育を提案されるべきとしています。また、彼らは人工内耳装用児、補聴器装用児ともに AVT 療育が効果的であることを示しています（Percy-Smith et al., 2018）。Lim et al. も両側人工内耳装用者では、AVT 療育を行った場合の方が、聴覚口話法による療育を行った場合に比べて有意差はないものの騒音下での聞き取りがよい、と AVT 療育の良い点を示しています（Lim, 2017）。Binos et al. はシステマティックレビュー（これまでに出版された論文の検討結果とそこから得られた結果をまとめたもの）の中で、人工内耳装用児にとって AVT 療育がもっとも良い療育であることを強調しています（Binos et al., 2021）。これらの報告は、他の療育と比較した場合の AVT 療育の優れた点を示しているものかもしれません。

（2）AVT 療育の期間と導入タイミングに関するエビデンス

続いて、AVT 療育の期間とタイミングに関してもいくつかのエビデンスを紹介しましょう。Jackson & Schatschneider は、AVT 療育の期間が長くなればなるほど、言語の成績はよくなり AVT 療育の効果がみられることを示しています（Jackson & Schatschneider, 2014）。Lew et al. は、早期補聴器装用と AVT 療育が、言語の受容と語彙と言語発達に有用である、と示しています（Lew et al., 2014）。Fulcher et al. は、難聴児に対する生後 6 ヵ月以内の AVT 療育がより効果的な可能性を示しています（Fulcher et al., 2015）。Sahli & Belgin et al. は、早期の人工内耳植え込みに AVT による療育を組み合わせることにより、難聴児の聴覚スキルを発達させられるとしています。さらに、この結果を基に、彼らは、人工内耳装用児は、聴覚、表現言語、言語の発達をより進めるためには AVT 療育を受ける必要があると結論づけています（Sahli & Belgin, 2011）。Yanbay et al. は、AVT 療育でも他のコミュニケーション法と同様に早期に診断され、保護者が深く関わっている難聴児は、そうでない難聴児に比較して高い言語発達を示すとしています（Yanbay et al., 2014）。

Hitchins & Hogan et al. は、早期に AVT 療育を行うことで難聴児の約 80 ％が年齢相応の言語レベルに達することを明らかにしています。また、この研究の中で、適切な AVT 療育を行うことによって難聴以外の特別なケアを要する児童でも約半数が、同様に年齢相応の言語レベルに達しうることを示しています（Hitchins & Hogan, 2018）。Casoojee et al. は、システマティックレビューの中で、AVT 療育に関しては直接他の報告と比較したものが少なくその有意性は明らかにはできなかったものの、早期の AVT 療育によって難聴児に、より良いことばの受容、言語発達、会話能力をもたらす可能性があるとしています（Casoojee et al., 2021）。

いずれのエビデンスでも、「適切な補聴と早期の適切な AVT 療育が大切」なことを示しています。

（3）AVT 療育による聴覚以外の能力に関するエビデンス

AVT 療育による効果は聴覚・言語能力に関するものだけにとどまりません。いくつ

かのエビデンスを紹介します。

　まず、AVT 療育は難聴児の声や発音に対しても良い影響を及ぼすことが示されています。Tajeda-Franco et al. は適切な補聴器装用と AVT 療育により、音声に対するフィードバックが改善することによって、難聴児の声の質が高くなることを報告しています（Tejeda-Franco et al., 2020）。発音も、AVT 療育により効果がみられることが明らかになっています（Eriks-Brophy et al., 2013）。

　続いて、文章読解能力に関するエビデンスも知られており、von Muenster & Baker によって、AVT 療育をうけた人工内耳装用児では言語と会話の能力が高いほど、文章の読解能力も高くなることが明らかになっています（von Muenster & Baker, 2014）。Goldblat & Pinto は、AVT 療育を受けた難聴児の方が、受けなかった難聴児に比べて、国語と文章読解の成績が良かったことを示し、AVT 療育が聴覚や言語能力だけでなく就学後の学業成績にも良好な影響を及ぼすことを報告しています（Goldblat & Pinto, 2017）。他にも、AVT 療育は、難聴児の課題遂行能力にも良い影響を与える可能性が示されています。Ashori は、人工内耳装用児は AVT 療育を受けることにより感情のコントロールやワーキングメモリなど課題遂行に関する能力が改善することを示しています（Ashori, 2022）。

　これらのエビデンスは、「**聴覚や会話だけでなく生活上の様々な能力に AVT 療育が有効である**」可能性を示しています。

（4）AVT 療育による社会的な効果・精神面の発達に関するエビデンス

　AVT 療育をうけることによる社会的な効果および精神的な効果についても知られています。Eriks-Brophy et al. は幼少期に AVT 療育を受けた難聴児は、通常学級への進学やコミュニケーション、学業成績が健聴児と同様であることを示しています。また、自己肯定感も同世代の健聴児と同様に育まれることが明らかになっています（Eriks-Brophy et al., 2012）。また、AVT 療育を受けた人工内耳装用児は社会適合性にが健聴児と同等であることが明らかになっています（Monshizadeh et al., 2018）。精神的な発達も AVT 療育を受けた難聴児の多くは問題がないことが示唆されています（Harris, 2014）。

　これらのエビデンスは、聴覚や会話などのコミュニケーション能力のみならず「**AVT 療育が社会性や精神面での健康の確立に有効である**」可能性を示しています。

3 | AVT に関するエビデンスの問題点

　これまでに説明した通り AVT 療育に関して現在、多数のエビデンスが蓄積されてき
ています。幸いなことにその多くは AVT 療育の有効性と有用性を示すものとなってい
ます。これらをもとに判断すると、早期の適切な補聴と AVT 療育は、難聴児が抱える
様々な問題をとてもよく解決してくれるかのように見えます。しかしながら、科学的に
厳密な意味では、まだ不十分でありいくつかの問題点があります。

　薬物治療や治療法の効果をみる場合、高いエビデンスと評価されるものは「無作為化
試験」というものです。これは、簡単に述べると、「治療をしない患者さん」と「治療
をする患者さん」をランダム（＝無作為）に 2 つのグループに分けて、治療の効果を
みる試験です。この際、2 つのグループの患者さんの年齢や性別、重症度など治療効果
に影響を及ぼす可能性がある項目を均等にしておく必要があります。

　AVT 療育の効果に対するエビデンスを確立しようとした場合の 1 点目の問題点は、
AVT 療育と難聴児のコミュニケーションの成果との間の明確な因果関係を、この無作
為化比較試験によって示すことが困難なことです。なぜなら、無作為化試験を行う場合
には、必ず、AVT 療育を「わざと行わない」という非倫理的な問題が生じてしまいま
す。したがって、今後 AVT 療育に関するしっかりとしたエビデンスを残すためには、
より慎重な対応と工夫が必要と考えられます。

　2 点目の問題点は、1 点目の無作為化試験が難しいという点とも関連しますが、これ
までの研究の対象と方法にばらつきがあるため、今までの結果を統合してまとめること
が難しい点です。無作為化試験が難しいため、AVT 療育の効果を測定し報告するため
に、施設ごとに様々な指標や比較対象を用いて検討がなされてきました。本章の前半で
まとめたように、様々な有力なエビデンスが蓄積されてはきましたが、一方で、この工
夫が施設ごとに異なるために直接比較することによってより強いエビデンスを生み出そ
うとした場合の支障となっています。実際、個々の試験では有効な結果が得られている
にも関わらず、複数のシステマティックレビューの検討結果では、厳密な意味での
AVT 療育に関する有効な結論が出ていません（Brennan-Jones et al., 2014）。

　3 点目は、試験に影響を与えうる因子の多さです。AVT 療育の効果をみる場合には、
難聴児の診断年齢、補聴器装用時年齢、聴力年齢、補聴器使用期間と量、AVT 療育の
時間の他、周囲の環境、すなわち、家庭内使用言語、社会経済的状況など様々な要素が
影響を与えます。これらは、国ごとにも異なり、使用する言語や文化にも大きな影響を

受けます。

　他にも多数の限界がありますが、このような限界の中でも多数のエビデンスが積み重
ねられてきていることは、この領域にとって非常に重要です。あらゆるレベルのエビデ
ンスは現状では有益であり、大切に受け入れられるべきと考えられます。より良い療育
環境と難聴児の言語発達と社会的な幸福のために、今後も積極的なエビデンスの蓄積が
求められています。

引用・参考文献

Ashori, M.（2022）. Impact of Auditory-Verbal Therapy on executive functions in children with Cochlear Implants. *J Otol*, *17*(3), 130-135. https://doi.org/10.1016/j.joto.2022.04.002

Binos, P., Nirgianaki, E., & Psillas, G.（2021）. How effective is auditory-verbal therapy（AVT）for building language development of children with cochlear implants? A systematic review. *Life*, *11*(3), 239.

Brennan-Jones, C. G., White, J., Rush, R. W., & Law, J.（2014）. Auditory-verbal therapy for promoting spoken language development in children with permanent hearing impairments. *Cochrane Database Syst Rev*（3）, CD010100. https://doi.org/10.1002/14651858.CD010100.pub2

Casoojee, A., Kanji, A., & Khoza-Shangase, K.（2021）. Therapeutic approaches to early intervention in audiology: A systematic review. *Int J Pediatr Otorhinolaryngol*, *150*, 110918. https://doi.org/10.1016/j.ijporl.2021.110918

Dettman, S., Wall, E., Constantinescu, G., & Dowell, R.（2013）. Communication outcomes for groups of children using cochlear implants enrolled in auditory-verbal, aural-oral, and bilingual-bicultural early intervention programs. *Otol Neurotol*, *34*(3), 451-459. https://doi.org/10.1097/MAO.0b013e3182839650

Dornan, D., Hickson, L., Murdoch, B., & Houston, T.（2007）. Outcomes of an auditory-verbal program for children with hearing loss: A comparative study with a matched group of children with normal hearing. *Volta Review*, *107*(1), 37-54.

Dornan, D., Hickson, L., Murdoch, B., & Houston, T.（2009）. Longitudinal Study of Speech Perception, Speech, and Language for Children with Hearing Loss in an Auditory-Verbal Therapy Program. *Volta Review*, *109*(2-3), 61-85. https://doi.org/10.17955/tvr.109.2.3.619

Dornan, D., Hickson, L., Murdoch, B., Houston, T., & Constantinescu, G.（2010）. Is Auditory-Verbal Therapy Effective for Children with Hearing Loss? *Volta Review*, *110*(3), 361-387. https://doi.org/DOI 10.17955/tvr.110.3.658

Eriks-Brophy, A., Durieux-Smith, A., Olds, J., Fitzpatrick, E. M., Duquette, C., & Whittingham, J.（2012）. Communication, Academic, and Social Skills of Young Adults with Hearing Loss. *Volta Review*, *112*(1), 5-35. https://doi.org/DOI 10.17955/tvr.112.1.694

Eriks-Brophy, A., Gibson, S., & Tucker, S.（2013）. Articulatory error patterns and phonological process use of preschool children with and without hearing loss. *The Volta Review*, *113*(2), 87-125.

Fairgray, E., Purdy, S. C., & Smart, J. L.（2010）. Effects of Auditory-Verbal Therapy for School-Aged Children with Hearing Loss: An Exploratory Study. *Volta Review*, *110*(3), 407-433. https://doi.org/DOI 10.17955/tvr.110.3.616

Fulcher, A. N., Purcell, A., Baker, E., & Munro, N.（2015）. Factors influencing speech and language outcomes of children with early identified severe/profound hearing loss: Clinician-identified facilitators and barriers. *Int J Speech Lang Pathol*, *17*(3), 325-333. https://doi.org/10.3109/17549507.2015.1032351

Goldblat, E., & Pinto, O. Y.（2017）. Academic outcomes of adolescents and young adults with hearing loss who received auditory-verbal therapy. *Deafness & education international*, *19*(3-4), 126-133.

Harris, L. G. (2014). Social-emotional development in children with hearing loss.

Hitchins, A. R. C., & Hogan, S. C. (2018). Outcomes of early intervention for deaf children with additional needs following an Auditory Verbal approach to communication. *Int J Pediatr Otorhinolaryngol, 115*, 125-132. https://doi.org/10.1016/j.ijporl.2018.09.025

Hogan, S., Stokes, J., & Weller, I. (2010). Language outcomes for children of low-income families enrolled in auditory verbal therapy. *Deafness & education international*, *12*(4), 204-216.

Hogan, S., Stokes, J., White, C., Tyszkiewicz, E., & Woolgar, A. (2008). An evaluation of auditory verbal therapy using the rate of early language development as an outcome measure. *Deafness & education international*, *10*(3), 143-167.

Jackson, C. W., & Schatschneider, C. (2014). Rate of language growth in children with hearing loss in an auditory-verbal early intervention program. *American annals of the deaf, 158*(5), 539-554. https://doi.org/10.1353/aad.2014.0006

Lew, J., Purcell, A. A., Doble, M., & Lim, L. H. (2014). Hear here: children with hearing loss learn words by listening. *Int J Pediatr Otorhinolaryngol, 78*(10), 1716-1725. https://doi.org/10.1016/j.ijporl.2014.07.029

Lim, S. R. (2017). The effects of early auditory-based intervention on adult bilateral cochlear implant outcomes. *Cochlear Implants Int, 18*(5), 256-265. https://doi.org/10.1080/14670100.2017.1337336

Minami, S., Ijuin, R., Nishiyama, Y., Kuroki, T., Tendo, A., Kusui, Y., Wakabayashi, S., & Kaga, K. (2021). Assessment of speech perception in deaf or hard of hearing children who received auditory-verbal therapy with hearing aids or cochlear implants. *Int J Pediatr Otorhinolaryngol, 146*, 110739. https://doi.org/10.1016/j.ijporl.2021.110739

Monshizadeh, L., Vameghi, R., Sajedi, F., Yadegari, F., Hashemi, S. B., Kirchem, P., & Kasbi, F. (2018). Comparison of social interaction between cochlear-implanted children with normal intelligence undergoing auditory verbal therapy and normal-hearing children: a pilot study. *The Journal of International Advanced Otology, 14*(1), 34. https://doi.org/10.5152/iao.2018.3663

Percy-Smith, L., Hallstrom, M., Josvassen, J. L., Mikkelsen, J. H., Nissen, L., Dieleman, E., & Caye-Thomasen, P. (2018). Differences and similarities in early vocabulary development between children with hearing aids and children with cochlear implant enrolled in 3-year auditory verbal intervention. *Int J Pediatr Otorhinolaryngol, 108*, 67-72. https://doi.org/10.1016/j.ijporl.2018.02.030

Percy-Smith, L., Tønning, T. L., Josvassen, J. L., Mikkelsen, J. H., Nissen, L., Dieleman, E., Hallstrøm, M., & Cayé-Thomasen, P. (2018). Auditory verbal habilitation is associated with improved outcome for children with cochlear implant. *Cochlear Implants International, 19*(1), 38-45.

Sahli, A. S., & Belgin, E. (2011). Researching Auditory Perception Performances of Children Using Cochlear Implants and Being Trained by an Auditory Verbal Therapy. *The Journal of International Advanced Otology, 7*(3), 385-390.

Tejeda-Franco, C. D., Valadez-Jimenez, V. M., Hernandez-Lopez, X., Ysunza, P. A., Mena-Ramirez, M. E., Garcia-Zalapa, R. A., & Miranda-Duarte, A. (2020). Hearing Aid Use and Auditory Verbal Therapy Improve Voice Quality of Deaf Children. *J Voice, 34*(2), 301 e307-301 e311. https://doi.org/10.1016/j.jvoice.2018.08.007

Thomas, E. S., & Zwolan, T. A. (2019). Communication Mode and Speech and Language Outcomes of Young Cochlear Implant Recipients: A Comparison of Auditory-Verbal, Oral Communication, and Total Communication. *Otol Neurotol, 40*(10), e975-e983. https://doi.org/10.1097/MAO.0000000000002405

von Muenster, K., & Baker, E. (2014). Oral communicating children using a cochlear implant: good reading outcomes are linked to better language and phonological processing abilities. *Int J Pediatr Otorhinolaryn-*

gol, *78*(3), 433–444. https://doi.org/10.1016/j.ijporl.2013.12.009

Yanbay, E., Hickson, L., Scarinci, N., Constantinescu, G., & Dettman, S. J. (2014). Language outcomes for children with cochlear implants enrolled in different communication programs. *Cochlear Implants Int, 15*(3), 121–135. https://doi.org/10.1179/1754762813Y.0000000062

執筆者紹介

南 修司郎（みなみ・しゅうじろう）【編集】

国立病院機構東京医療センター耳鼻咽喉科科長・人工内耳センター長

慶應義塾大学医学部を卒業後、ミシガン大学クレスギ聴覚研究所での研究を経て医学博士を取得。耳鼻咽喉科専門医、臨床遺伝専門医、耳科手術暫定指導医、頭頸部がん専門医、補聴器適合判定医としてこれまでに 600 件以上の人工内耳手術を実施し、2013 年には国際的な耳科学の賞である Politzer Prize を受賞している。『聞こえのワークブック』（梓書院）を監修し、YouTube チャンネル「Dr 南＆瀬戸の小児難聴講座！」、Note「AVT Tips 動画プロジェクト」、SNS「X（@shujirominami）」などを通じて、難聴に関する情報を発信し続けている。

シュタイガー 知茶子（しゅたいがー・ちさこ）【第 1 章・第 2 章】

声援隊代表

山本 修子（やまもと・のぶこ）【第 3 章】

国立病院機構東京医療センター臨床研究センター聴覚障害研究室研究員

富澤 晃文（とみざわ・あきふみ）【第 3 章】

国際医療福祉大学保健医療学部言語聴覚学科准教授

土井 礼子（どい・れいこ）【第 4 章】

なないろ教室・言語聴覚士

若林 聡子（わかばやし・さとこ）【第 5 章】

社会福祉法人富士見会富士見台診療所院長

井上 ひとみ（いのうえ・ひとみ）【第 6 章】

日本福祉大学中央福祉専門学校言語聴覚士科・言語聴覚士

伊藤 泰子（いとう・やすこ）【第 7 章】

きこえとコミュニケーションのうさぎクラブ・言語聴覚士

細谷 誠（ほそや・まこと）【第 8 章】

慶應義塾大学医学部耳鼻咽喉科学教室専任講師

装丁　有泉武己

オーディトリー・バーバル・セラピー［AVT］の
理解と実践
難聴児のことばを豊かに育むための聴覚活用　　　　　　　　　©2024

2024年5月10日　初版第1刷発行

編　者　　南 修司郎
発行者　　杉本哲也
発行所　　株式会社　学 苑 社
　　　　　東京都千代田区富士見2－10－2
　　　　　電話　　03（3263）3817
　　　　　FAX　　03（3263）2410
　　　　　振替　　00100－7－177379
印刷·製本　藤原印刷株式会社

ISBN978-4-7614-0853-4　C3037

聴覚障害

聴こえの障がいと
補聴器・人工内耳入門
基礎からわかる Q & A

黒田生子【編著】
森尚彫【著】

B5 判●定価 2860 円

Q&A 形式で「補聴器」「人工内耳」と聴覚障がい者支援をわかりやすく理解するための入門書。「聴覚障がい」の基礎を学べる 1 冊。

聴覚障害

言語・思考・感性の発達からみた
聴覚障害児の指導方法
豊かな言葉で確かに考え、温かい心で感じる力を育てる

長南浩人【著】

A5 判●定価 2420 円

聴覚障害児の育ちの姿を心理学的に検討し、教育の方針を提示する。教室で起きた出来事を紹介し、指導のヒントを探っていく。

シリーズ きこえとことばの発達と支援

特別支援教育・療育における
聴覚障害のある
子どもの理解と支援

廣田栄子【編著】

B5 判●定価 4180 円

子どもの学習上の課題について、「幼児期から児童期への発達の移行」に焦点を当て、近年の知見を元に言語習得の支援について解説。

聴覚障害

聞こえ方は、いろいろ
片耳難聴 Q&A

岡野由実【著】

A5 判●定価 1760 円

いつも聞こえないわけじゃない、でも「片耳聞こえるから大丈夫でしょ」と思われたくない…… 片耳難聴を知るための 1 冊。

聴覚障害

難聴児・生徒理解
ハンドブック
通常の学級で教える先生へ

白井一夫・小網輝夫・
佐藤弥生【編著】

B5 判●定価 1650 円

「見えにくい」と言われる難聴の子どもが抱えるさまざまな問題を、30 の項目と 10 のトピックでわかりやすく簡潔に説明する。

言語・コミュニケーション

学校でできる
言語・コミュニケーション
発達支援入門
事例から学ぶ ことばを引き出すコツ

池田泰子【編著】
松田輝美・菊池明子【著】

B5 判●定価 1980 円

「発音不明瞭」「読み書き」等に関する 28 事例をもとに、言語・コミュニケーションの基礎知識から支援までを理解する入門書。

税 10%込みの価格です

 学苑社 Tel 03-3263-3817 〒 102-0071 東京都千代田区富士見 2-10-2
Fax 03-3263-2410 E-mail: info@gakuensha.co.jp https://www.gakuensha.co.jp/